21世纪高等学校规划教材

DIANLI XUQIUCE GUANLI

电力需求侧管理

主　编　刘秋华　陈　洁

副主编　杨胜春　张　锐

编　写　吴　玲　许　昆　董丹丹

　　　　郭朱颖　陈　超

中国电力出版社

CHINA ELECTRIC POWER PRESS

内 容 提 要

本书为 21 世纪高等学校规划教材。

本书共分为三篇。第一篇为电力需求侧管理理论，包括电力需求侧管理概述、电力需求侧管理的成本效益分析；第二篇为电力负荷管理与调荷节能，包括电力负荷管理、电蓄冷蓄热节能和分时电价；第三篇为节能措施，包括照明节能、家用电器节能、集中空调系统节能、电动机系统节能、无功补偿节能、建筑节能和高耗能行业节能。

本书主要作为高等院校本科学生学习电力需求侧管理的教材，此外，也可以供有关科研、工程技术人员学习电力需求侧管理作参考。

图书在版编目（CIP）数据

电力需求侧管理/刘秋华，陈洁主编. —北京：中国电力出版社，2015.1

21世纪高等学校规划教材

ISBN 978-7-5123-6834-7

Ⅰ.①电… Ⅱ.①刘…②陈… Ⅲ.①用电管理-高等学校-教材 Ⅳ.①TM92

中国版本图书馆 CIP 数据核字（2014）第 283080 号

中国电力出版社出版、发行

（北京市东城区北京站西街 19 号　100005　http://www.cepp.sgcc.com.cn）

航远印刷有限公司印刷

各地新华书店经售

*

2015 年 1 月第一版　2015 年 1 月北京第一次印刷

787 毫米×1092 毫米　16 开本　8.5 印张　198 千字

定价 **18.00** 元

前　言

　　电力需求侧管理涉及的知识范畴很大，不仅涉及经济、管理、电力，而且涉及机械、自动化、计算机、通信、材料、热动、机电、建筑、家用电器等，特别是高耗能行业涉及面更广，包括化学、黑色金属、有色金属、非金属、石油等。

　　本书共分为三篇。第一篇为电力需求侧管理理论，内容包括电力需求侧管理概述、电力需求侧管理的成本效益分析；第二篇为电力负荷管理与调荷节能，内容包括电力负荷管理、电蓄冷蓄热节能和分时电价；第三篇为节能措施，内容包括照明节能、家用电器节能、集中空调系统节能、电动机系统节能、无功补偿节能、建筑节能和高耗能行业节能。

　　本书具有以下特色：

　　（1）充分体现教材的先进性和系统性。电力需求侧管理作为一项崭新的研究领域，本书在借鉴国内外众多文献的基础上，形成了自己独特的理论体系，并充分体现了该领域研究的先进性。

　　（2）充分体现教材的易理解性。电力需求侧管理涉及的知识领域范畴很大，管理与工程的结合性特别强，为了能使不同的读者很好地理解电力需求侧管理理论知识，本书采用深入浅出的论述方式，去除了复杂的公式，运用尽可能易懂的语言进行阐述，使读者能更好地接受并理解。

　　（3）充分体现教学的需要。本书在写作中每章的开始列有学习目标，每章的结束用网络图的形式进行总结，并附有基本概念和思考题，每篇之后还附有典型案例，可以充分满足教学的需要。

　　本书是校企合作系列教材其中的一本，主编是南京工程学院经济与管理学院的刘秋华教授、陈洁副教授，副主编是中国电力科学研究院电力自动化所的杨胜春教授级高级工程师、南京市供电公司市场及大客户服务部张锐主任，参与编写的还有南京工程学院经济与管理学院的吴玲副教授，电力工程学院的研究生许昆、董丹丹，经济与管理学院的本科生郭朱颖、陈超等。

　　本书在写作过程中参阅了国内外大量的文献，特别是百度文库的最新文献，因为特别零散，在参考文献中没有一一标出，在此一并表示感谢。

　　由于编者水平有限，书中不足之处在所难免，敬请读者不吝赐教。

2014 年 12 月

目　录

第三篇　节能措施

第一篇　电力需求侧管理理论

第一章　电力需求侧管理概述

【学习目标】

(1) 掌握电力需求侧管理定义与目标。
(2) 掌握电力需求侧管理实施措施。
(3) 掌握电力需求侧管理实施环境与内容。
(4) 了解电力需求侧管理发展。

【内容提要】

电力需求侧管理是在满足同样用电功能下，通过提高终端用电效率和改变终端用电方式，以减少电量消耗和降低电力需求的一种综合资源规划方法。本章主要阐述了电力需求侧管理基本概念、电力需求侧管理实施措施、电力需求侧管理实施环境与内容以及电力需求侧管理发展。

第一节　电力需求侧管理基本概念

一、电力需求侧管理定义

电力需求侧管理（Demand Side Management，DSM）是指在政府政策法规支持下，采取有效的激励措施，通过电网公司、项目执行者、电力用户等共同协力，提高终端用电效率和优化用电方式，在完成同样用电功能的同时减少电量消耗和电力需求，达到节约能源和保护环境，实现社会效益最优、各方受益、成本最低的电力服务所进行的用电管理活动。

从上述定义中可以看出，电力需求侧管理具有如下特点：

(1) 电力需求侧管理需要有政府的政策法规支持。

(2) 电力需求侧管理的参与方不仅包括电力用户，还包括电网公司（一般指供电公司）和项目执行者。

(3) 电力需求侧管理的目的是提高终端利用效率和优化用电方式，在满足同样用电功能的同时减少电量消耗和电力需求，节约能源、保护环境，实现各方受益的一种用电管理活动。

二、电力需求侧管理目标

电力需求侧管理目标主要集中在电力和电量的改变上。电力方面，主要是通过采取相关措施降低电网的高峰负荷时段的电力需求或增加电网的低谷时段的电力需求，以较少的新增装机容量达到系统的电力供需平衡；电量方面，主要是通过采取相关措施节省电力系统的发电量，在满足同样的电力服务的同时节约了社会总资源的耗费。

从经济学的角度看，电力需求侧管理目标就是将有限的电力资源最有效地加以利用，实现社会效益最大化。在电力需求侧管理的规划实施过程中，不同地区的供电公司还有一些具体目标，如单位供电成本最小、单位购电费用最小等目标。

三、电力需求侧管理对象

电力需求侧管理的对象主要指电力用户的终端用能设备，以及与用电环境条件有关的设施。包括以下几个方面：

（1）用户终端的主要用电设备，如照明系统、空调系统、电动机系统、电热、电化学、冷藏、热水器等。

（2）可与电能相互替代的用能设备，如以燃气、燃油、燃煤、太阳能、沼气等作为动力的替代设备。

（3）与电能利用有关的余热回收，如热泵、热管、余热和余压发电等。

（4）与用电有关的蓄能设备，如蒸汽蓄热器、热水蓄热器、电动汽车蓄电瓶等。

（5）自备发电厂，如自备背压式、抽汽式热电厂，以及燃气轮机电厂、柴油机电厂等。

（6）与用电有关的环境设施，如建筑物的保温、自然采光和自然采暖及遮阳等。

电力需求侧管理对象的类型较多，情况也比较复杂，因此，在确定具体的管理对象时一定要精心选择。

四、实施电力需求侧管理意义

电力需求侧管理是一种合理利用能源的管理方法，对综合利用资源具有重大意义。实施电力需求侧管理对社会、政府、供电公司和电力用户都具有显著效益。

（1）对社会的意义。电力需求侧管理的实施可以减少电力需求，从而减少一次能源的消耗与污染物的排放，缓解环境压力，同时减少社会资源的投入和自然资源的消耗。

（2）对政府的意义。通过实施电力需求侧管理，可以合理配置电力资源，促进经济协调发展，还可以促进用电设备的更新换代，增加对高能效设备的需求，促进 GDP 增长，降低单位 GDP 能耗。

（3）对供电公司的意义。实施电力需求侧管理可以减少高峰时段电力负荷对电网的压力，提高供电可靠性和服务水平；在电力供应形势紧张的情况下，可以大大缓解限电的压力，提高电网设备的利用率，保证电网安全、经济运行，减少和延缓电网建设投资。

（4）对电力用户的意义。实施电力需求侧管理可以降低电力消耗，减少电费支出，降低企业的经营成本，提高产品竞争力。

第二节　电力需求侧管理实施措施

一、技术措施

电力需求侧管理的技术措施是指针对具体的管理对象，以及生产工艺和生活习惯的用电特点，采用先进的管理技术、节电技术及相应设备，改变用电负荷特性，提高用电效率。主要包括改变用户用电方式和提高终端用电效率两个方面。

（一）改变用户用电方式

电力系统的负荷每时每刻都在发生变化，通常用负荷曲线来表示，包括年负荷曲线和日负荷曲线，有的还有周、月和季负荷曲线。年负荷特性一般有两种：一种是负荷高峰出现在冬季，另一种是负荷高峰出现在夏季。日负荷曲线也呈现两种特性：一种是负荷高峰出现在夜晚，另一种是负荷高峰出现在白天。

电力系统的负荷特性与一系列因素有关，主要取决于电网所在地区的经济结构和用户的生产特点，当地的气候条件、生活水平和风俗习惯以及电网规模等。

改变用户的用电方式是通过负荷管理技术来实现的，它根据电力系统的负荷特性，以削峰、填谷或移峰填谷的方式将用户的电力需求从电网负荷的高峰期削减，转移或增加在电网负荷的低谷期，以改变电力需求在时序上的分布，减少日或季节性的电网高峰负荷，起到调整负荷曲线的目的。

1. 削峰

削峰是指在电网高峰负荷期减少用户的电力需求，避免增设其边际成本高于平均成本的装机容量。由于削峰平稳了系统负荷，提高了电力系统运行的经济性和可靠性，可以降低发电成本。但削峰会减少一定的峰期售电量，相应地会降低电网企业的部分售电收入。常用的削峰措施主要有以下两种：

（1）直接负荷控制。直接负荷控制是在电网高峰时段，系统调度人员通过远动或自控装置随时控制用户终端用电的一种方法。由于它是随机控制，常常冲击生产秩序和生活节奏，大大降低了电力用户峰期用电的可靠性，多数电力用户不易接受，尤其那些对可靠性要求高的电力用户和电力设备，停止供电有时会酿成重大事故，并带来很大的经济损失，即使采用降低直接负荷控制的供电电价也不太受电力用户欢迎。因此，这种控制方式的使用受到了一定限制。

（2）可中断负荷控制。可中断负荷控制是根据供需双方事先的合同约定，在电网高峰时段，系统调度人员向电力用户发出请求中断供电的信号，经电力用户响应后，中断部分供电的一种方法。它特别适合于对可靠性要求不高的电力用户。不难看出可中断负荷是一种有一定准备的停电控制，由于电价偏低，有些用户愿意用降低用电的可靠性来减少电费开支。它的削峰能力和系统效益，取决于电力用户负荷的可中断程度。可中断负荷控制一般适用于工业、商业、服务业等对可靠性要求较低的电力用户。

2. 填谷

填谷是指在电网低谷负荷期增加用户的电力需求。填谷有利于启动系统空闲的发电容量，并使电网负荷趋于平稳，提高系统运行的经济性。由于增加了销售电量，将减少单位电量的固定成本，从而进一步降低了平均发电成本，使电网企业增加了销售利润。常用的填谷技术有：

（1）增加季节性用户负荷。在电网年负荷低谷时期，增加季节性用户负荷，在丰水期鼓励用户以电力替代其他能源，多用水电。

（2）增加低谷用电设备。在夏季出现尖峰的电网可适当增加冬季用电设备，在冬季出现尖峰的电网可适当增加夏季的用电设备。在日负荷低谷时段，投入电气锅炉或采用蓄冷蓄热装置，在冬季后半夜可投入电暖气或电气采暖空调等进行填谷。

（3）增加蓄能用电。在电网日负荷低谷时段投入蓄能装置进行填谷，如电动汽车蓄电瓶和各种可随机安排的充电装置。

填谷不但对电网企业有益，对电力用户也会减少电费开支。但是由于填谷要部分地改变用户的工作程序和作业习惯，也增加了填谷技术的实施难度。填谷的重要对象是工业、服务业、商业楼宇和农业等部门。

3. 移峰填谷

移峰填谷是指将电网高峰负荷的用电需求转移到低谷负荷时段，同时起到削峰和填谷的双重作用。它既可以减少新增装机容量,充分利用闲置的容量,又可平稳系统负荷,降低发电煤耗。

　　移峰填谷一方面增加了谷期用电量,从而增加了电网企业的销售电量和售电收入;另一方面减少了峰期用电量,相应地减少了电网企业的销售电量和售电收入。因此,对供电公司的实际效益取决于增加的谷期售电收入对减少峰期售电收入的抵偿程度。常用的移峰填谷技术有:

　　(1) 采用蓄冷蓄热技术。集中空调采用蓄冷技术是移峰填谷的有效措施,它是在后半夜负荷低谷时段制冷并把冰或水等蓄冷介质储存起来,在白天或前半夜电网负荷高峰时段把冷量释放出来转为冷气,达到移峰填谷的目的。蓄冷空调比传统的空调蒸发温度低,制冷效率相对低些,再加上蓄冷损失,在提供相同冷量的条件下要多消耗电量,但却有利于填谷。同样采用蓄热技术是在后半夜负荷低谷时段,把锅炉或电加热器生产的热能储存在蒸汽或热水蓄热器中,在白天或前半夜电网负荷高峰时段将热能用于生产或生活,以此实现移峰填谷的目的。当然,电力用户是否愿意采用蓄冷或蓄热技术,主要考虑高峰电费减少的支出是否能补偿低谷多消耗电能的电费支出。

　　(2) 能源替代运行。对在夏季出现尖峰的电网,为了将夏季的尖峰推移到冬季,可以采用在冬季以用电加热替代用燃料加热,在夏季以用燃料加热替代用电加热;对在冬季出现尖峰的电网,为了将冬季的尖峰推移到夏季,可以采用在夏季以用电加热替代用燃料加热,在冬季以用燃料加热替代用电加热。在日负荷的高峰和低谷时段也可采用上述能源替代运行方式。

　　(3) 调整作业顺序。调整作业顺序是一些国家长期采用的一种移峰填谷的方法,就是在工业企业中将一班制改为两班制或三班制。调整作业顺序虽然起到了移峰填谷的作用,但是在很大程度上干扰了电力用户的正常生产秩序和职工的正常生活秩序,还增加了企业的额外负担。随着市场经济的发展,不顾及用户的接受能力,强行推行多班制的做法将逐渐消失。

　　(4) 调整轮休制度。调整轮休制度也是一些国家长期采用的一种移峰填谷的做法。主要通过实行轮休制度来实现移峰填谷。但是由于它改变了人们规范的休息时间,影响了人们的正常交际往来,对企业也没有增加额外效益,一般不被电力用户接受。

　　(二)提高终端用电效率

　　提高终端用电效率是通过改变电力用户的消费行为,采用先进的节能技术和高效的设备来实现的,根本目的是节约用电、减少用户的电量消耗。

　　提高终端用电效率的措施多种多样,概括起来有选用高效用电设备、实行节电运行、采用能源替代、实行余热和余能的回收、采用高效节电材料、进行作业合理调度以及改变消费行为等几个方面。

　　(1) 照明方面。用节能灯(紧凑型荧光灯 CFL)代替普通白炽灯;推广使用发光二极管(LED),采用包括时钟自动控制、照度自动调节控制、动静探测控制、区域场景控制等方式的照明控制节能技术等。

　　(2) 家用电器方面。采用节能型空调、节能型电冰箱、节能型洗衣机、节能型热水器、高效电炊具等。

　　(3) 电动机方面。选用高效电动机替代普通电动机是电动机节电的主要措施;选用匹配性好的电动机可以提高运行的平均负载率,选用调速电动机可以实现节电运行,实行流水作业可以降低电动机的空载损耗等。

　　(4) 制冷空调方面。应用溴化锂吸收式制冷技术减少用电;应用变频技术和智能控制空调节约用电;培养适应人体生理条件的消费习惯,减少用电等。

　　(5) 变配电方面。采用无功补偿技术,提高功率因数,减少用户电费支出;采用变压器经济运行技术、低损变压器技术、电能质量治理技术等减少变配电损失。

（6）余能余热利用方面。应用干法熄焦的高温余热回收发电、工业窑炉的高温余热回收发电、高炉炉顶的排气压力发电、工业锅炉的余压发电等增加电力用户自给电量；采用热泵、热管、高效换热器等热回收和热传导设备直接或间接减少用电消耗。

（7）作业合理调度方面。实行集中生产，提高炉窑的装载率，降低单位产品电耗；实行连续作业，减少开炉、停炉损失，提高设备的用电效率等。

（8）建筑物方面。采用外墙保温节能技术、门窗密闭节能技术、幕墙节能技术、遮阳系统节能技术等。

（9）能源替代方面。把太阳能、天然气作为电能相互替代的主要对象，更经济合理地使用能源。

二、经济措施

电力需求侧管理的经济措施是指通过一定的经济措施激励电力用户主动改变消费行为和用电方式，减少电量消耗和电力需求。包括电价制度、免费安装服务、折让鼓励、借贷优惠、设备租赁鼓励等方式。

（一）电价制度

电价制度是影响面广又便于操作的一种有效的经济措施。电价制度确定的原则是既能激发电网企业实施电力需求侧管理的积极性，又能激励电力用户主动参与电力需求侧管理活动。电价制度主要考虑电价水平和电价结构两个方面。

1. 电价水平

电价水平要合理，既不能过低，也不能过高。电价水平过低会抑制电力用户节电、发电企业兴办电源及电网企业发展电网的积极性，而电价水平过高会抑制电力用户必要的电力需求。

2. 电价结构

在电价结构方面，主要是制订面向电力用户可供选择的多种鼓励性电价。电价结构要考虑用户需求容量的大小和电网负荷从高峰到低谷各个时点供电成本的差异对电网企业和用户双方成本的影响，使电力用户在用电可靠性、用电时序性和用电经济性之间做出自己的选择，如采用容量电价、峰谷电价、分时电价、季节性电价、丰枯电价、阶梯电价、可中断负荷电价等。

（1）容量电价。容量电价又称基本电价，它不是电量价格，而是电力价格。容量电价是指以用户变压器装置容量或最大负荷需量收取电费。容量电价可以促使电力用户削峰填谷和节约用电。

（2）峰谷电价。峰谷电价是电网企业根据电网的负荷特性，确定年内或日内高峰和低谷时段，在高峰时段和低谷时段实行峰谷两种不同电价。峰谷电价可以使电力用户选择合适的用电时间和用电电价。

（3）分时电价。分时电价是指电网企业按用电时点电价收取电费。分时电价是日内峰谷电价的进一步细化，可以激励电力用户更仔细地安排用电时间。

（4）季节性电价。季节性电价一般指在用电高峰季节，如夏、冬两季，实施与非用电高峰季节不同的电价，高峰季节电价高，非高峰季节电价低，从而引导用户在低价时用电，在高峰高价时节电。

（5）丰枯电价。也称丰枯季节电价，是全年按发电来水和用电需求情况分为平水期、丰水期、枯水期三个季节，平水期按规定价格执行，丰水期电价下降，枯水期电价提高，供电企业按照不同季节收取电费。

（6）阶梯电价。阶梯电价是阶梯式递增电价或阶梯式累进电价的简称，是指把户均用电量设置为若干个阶梯，分段或分档次定价，计算费用。对居民用电实行阶梯式递增电价可以提高能源效率。通过分段电量可以实现细分市场的差别定价，提高用电效率。

（7）可中断负荷电价。可中断负荷电价是在电网高峰时段可中断或削减较大工商业用户的负荷，电网企业按合同规定对用户在该时段内的用电按较低的电价收费。

（二）免费安装服务

免费安装服务是指电网企业为电力用户全部或部分免费安装节电设备以鼓励电力用户节电。由于电力用户不必支付费用或只需支付很少的费用，减轻了电力用户节电的投资风险和资金筹措的困难，很受电力用户的欢迎。

免费安装服务适应于收入较低的家庭住宅和对电力需求侧管理反应不强的电力用户，同时节电设备的初始投资低，并且节电效果好。

（三）折让鼓励

折让鼓励是指给予购置特定高效节电产品的电力用户或推销商适当比例的折让。一方面，吸引更多的电力用户参与电力需求侧管理活动；另一方面，注重发挥推销商参与节电活动的特殊作用，同时促使制造商推出更好的新型节电产品。

（四）借贷优惠

借贷优惠是指向购置高效节电设备的用户，尤其是初始投资较高的电力用户提供低息或零息贷款，以减少电力用户在参与电力需求侧管理时资金方面存在的障碍。供电公司在选择贷款对象时，应尽量选择那些节电所带来的收益高于提供贷款而减少的利息收入的电力用户。

（五）设备租赁鼓励

设备租赁鼓励是指把节电设备租赁给电力用户，以节电效益逐步偿还租金的办法来鼓励电力用户节电。这种鼓励措施的特点在于有利于电力用户消除举债的心理压力，克服缺乏支付初始投资的障碍。

三、法律措施

电力需求侧管理的法律措施是指通过政府颁布的有关法规、条例等来规范电力消费和电力市场行为。

我国 20 世纪 90 年代初才引入电力需求侧管理，经过 20 多年的摸索和实践，取得了一定的成效，特别是在电力短缺的形式下，电力需求侧管理为缓解用电紧张的矛盾，保障电力安全稳定运行发挥了重要的作用。因此，电力需求侧管理引起各部门的高度重视，并制定下发了一系列法规，开始将电力需求侧管理纳入法制化轨道。

2002 年，国家经贸委颁布《关于推进电力需求侧管理工作的指导意见》，将电力需求侧管理作为保证电力供应和促进电力可持续发展的一项重要内容，加强电力需求侧管理工作的组织领导。

2003 年，国家电网公司印发《国家电网公司关于加强电力需求侧管理的实施办法》，指出电力需求侧管理是指通过提高终端用电效率和优化用电方式，在完成同样用电功能的同时减少电量消耗和电力需求，达到节约能源和保护环境，实现低成本电力服务的用电管理活动。开展电力需求侧管理工作需要政府、电网企业、用户、用电设备制造单位和有关中介服务机构共同参与，共同努力。

根据《中华人民共和国电力法》、《中华人民共和国节约能源法》、《电力供应与使用条例》等法律法规，国家发展改革委、工业和信息化部、财政部等六部门制定《电力需求侧管理办法》。该办法于 2011 年 1 月 1 日开始实施，包括总则、管理措施、激励措施和附则等内容。

2012 年 10 月 31 日，财政部经济建设司、国家发展改革委经济运行调节局共同发布《财政部国家发展改革委关于开展电力需求侧管理城市综合试点工作的通知》（财建〔2012〕368 号）。该通知称，根据专家组意见，经研究，拟确定首批试点城市名单为北京市、江苏省苏州市、河北省唐山市、广东省佛山市。

四、宣传措施

电力需求侧管理的宣传措施是指采用宣传的方式，引导电力用户合理消费电能，达到有助于节能的目的。宣传电力需求侧管理，有以下两个重点：

（1）积极宣传电力需求侧管理常识。利用新闻媒体、短信平台等各类载体，宣传推广电力需求侧管理和节电常识，引导全社会确立科学合理的用电理念，提高全社会主动节电意识。

（2）大力宣传电力需求侧管理政策措施。发挥政府网站和新闻媒体优势，通过经济报道、专家访谈、政策解读、案例分析等形式对国家电力需求侧管理相关政策、措施进行宣传介绍，对各类电力需求侧管理技术产品及应用案例进行宣传推广，提高全社会开展电力需求侧管理的认知度和参与度。

宣传措施形式多种多样，主要包括普及电力需求侧管理知识讲座、传播电力需求侧管理信息、开展电力需求侧管理咨询服务、开办电力需求侧管理及节能技术讲座、举办电力需求侧管理及节能产品展示、宣传电力需求侧管理政策等。

第三节　电力需求侧管理实施环境与内容

一、电力需求侧管理实施环境

实施电力需求侧管理要有相应的环境，关键是要充分发挥政府、电网企业、电力用户和项目执行者等各方面的作用，克服在体制、法规、制度、政策等方面存在的障碍，创造一个有利于电力需求侧管理的实施环境，以便有效地进行电力需求侧管理。

（一）政府所起作用

政府在电力需求侧管理的实施中起主导作用，主要为电力需求侧管理提供平等的实施环境，即在宏观调控指导下充分发挥市场调节的作用，制定相关的政策、法制和标准，营造一个有利于电力需求侧管理实施的环境。

（二）电网企业所起作用

电网企业是电力需求侧管理的实施主体，主要为实施电力需求侧管理提供有效的运营策略和适宜的运作方式。为此，要做好以下几点：

（1）电网企业的营销部门应高度重视电力需求侧管理，制订相应的电力需求侧管理计划，并将电力需求侧管理纳入电网发展规划中。

（2）鼓励供电企业投资电力需求侧管理，应将投资节电与供电一样计入电价，实施电力需求侧管理的投资回报率应略高于电源建设的投资回报率。

（3）要允许电网企业采取适当的激励措施推动电力需求侧管理的实施。

（4）将电力需求侧管理纳入法定的审批程序中，开发与节约统筹规划。

（三）项目执行者所起作用

项目执行者是实施电力需求侧管理的中介，主要协助政府和配合电网企业实施电力需求侧管理。项目执行者主要为电力用户提供能源审计、节能诊断、筹集节能投资、进行节能设计、安装节能设备、上岗操作培训等一系列服务。

（四）电力用户所起作用

电力用户是节能、节电的主体，是节能、节电增益的主要贡献者。电力用户要与电网企业和项目执行者通力合作，移峰填谷、合理用电，实现节电增益。

二、电力需求侧管理实施内容

电力需求侧管理是一项系统工程，涉及面较广，实施的基本内容包括以下七个方面。

（一）实施电力需求侧管理资源调查

实施电力需求侧管理的资源分为供应方资源和需求方资源。

1. 供应方资源

供应方资源是指发电企业和电网企业可提供给电力用户的资源，主要包括：

（1）燃煤、燃油、燃气的火力发电厂。

（2）水电站。

（3）核电站。

（4）太阳能、风力发电厂。

（5）老电厂的扩建增容。

（6）电网的输电能力。

（7）外购电以及电力系统发、输、供电效率提高所节约的电力和电量。

实际上，对一个地区来讲，在规划期内能有条件纳入综合资源规划的供应方的资源是有限的。

2. 需求方资源

需求方资源是指电力用户的节电资源，主要包括：

（1）提高照明、空调、电动机、电热、冷藏等设备用电效率所节约的电力和电量。

（2）蓄冷、蓄热、蓄能等改变用电方式所节约的电力。

（3）能源代替、余能回收所减少和节约的电力和电量。

（4）合同约定可中断负荷所节约的电力和电量。

（5）建筑物保温等完善用电所节约的电力和电量。

（6）用户改变消费行为、减少用电所节约的电力和电量。

（7）自备电厂参与调度后电网所减少供应的电力和电量。

需求方资源的类型比较多，情况也比较复杂，要进行具体选择。

资源调查是电力需求侧管理的一项基础性工作，必须深入细致地进行，以保证电力需求侧管理的有效开展。调查工作一般采用统计与典型调查相结合、对比和典型测试相结合的方法进行。

（二）确定电力需求侧管理对象

电力需求侧管理对象是指与减少供应方资源有关的终端用电设备以及与用电环境条件有关的设施。由于与供应方资源有关的终端设备涉及的量大且非常复杂，通常根据具体的条件，在可能实现的目标中选择其中一部分。

（三）确定电力需求侧管理目标

电力需求侧管理要考虑两个方面：一方面要以较少的新增装机容量达到系统的电力供需平衡，这就需要通过减少电力用户在电网高峰时段的电力需求来降低电网的最大负荷；另一方面要减少系统的发电燃料消耗，主要通过使电力用户更有效地利用能量来减少用电量。因此，电力需求侧管理的目标主要集中在电力用户的电力和电量的节约上。

管理目标的设置一般以电网企业预期要达到的目标为准，在电力供应不足时，一般以节约电量为目标；在电力供需平衡时，一般以节约电力、提高负荷率为目标。

（四）确定实施电力需求侧管理措施

为了实施电力需求侧管理，必须采用多种措施。包括技术措施、经济措施、法律措施和宣传措施等。这方面的具体内容已经在上一节详细阐述。

（五）电力需求侧管理方案评估

电力需求侧管理方案评估的目的是选出最合适的电力需求侧管理措施，由于措施种类繁多，因此，选择哪种措施与电网的负荷形状、冬夏季高峰负荷、装机组成以及负荷的增加率等综合因素有关。

电力需求侧管理评估主要是做成本效益分析，评估分析的主要内容是电力需求侧管理方案会给各利益相关方带来哪些经济损失和收益，这也是电网企业、项目执行者、电力用户和社会最关注的内容。

对电力需求侧管理规划方案做出评估需要资金、人力、物力的投入，因此，应根据评估对决策的重要性和电力需求侧管理措施选择的不同阶段，采用不同层次的评估方法。

（1）第一层是经验评估法。由电力需求侧管理专家或有经验的管理者在掌握电力用户信息条件下的感性选择。

（2）第二层是整体评估法。对选择电力需求侧管理措施做初步的成本效益分析。

（3）第三层是详细评估法。对具有较高效益成本比的方案进行的综合详细的分析。

（六）电力需求侧管理实施

根据电力需求侧管理计划提出的项目方案，经过评估和选择，确定可实施的项目方案。项目的实施有以下三种方式：

（1）直接安装方式。直接安装方式是指电网企业（供电企业）直接组织施工力量，进行电力需求侧管理项目的具体施工。大多数供电企业执行的就是这种施工方式，项目施工费用均在电力需求侧管理费用中开支。

（2）折扣方式。折扣方式多集中在终端用电效率提高的项目。对于这类项目，待参与电力用户选定后，供电企业向他们提供高效节能设备或高效节能器具的购置费超支部分，电力用户承担与传统设备相同的那一部分购置费和施工，供电企业派员监督工程的全过程。

（3）委托方式。委托方式是指供电企业委托电力需求侧管理项目施工的项目执行者负责实施。

（七）电力需求侧管理评价

电力需求侧管理评价分为阶段性过程评价、效果评价和整体工程效果评价。

（1）阶段性过程评价。阶段性过程评价主要分析研究施工过程中存在的问题。

（2）效果评价。效果评价主要评价阶段性目标的完成情况，包括分析需量节约、电量节约、费用开支与阶段性目标任务的差距，是否超出了目标任务规定的要求，并提出改进意见。

（3）整体工程效果评价。整体工程效果评价主要是指在工程项目竣工投入正常使用后，对整体工程效果进行的评价。包括测算电力需求侧管理项目计划实施的需量及电量节约效果、评估费用使用情况等。

第四节　电力需求侧管理发展

一、电力需求侧管理起源

电力需求侧管理起源于美国。1973 年第一次世界石油危机爆发后，燃料价格飞涨，美国能源界意识到单纯依靠能源供应很难满足不断增长的能源需求，还应考虑需求侧的节约。电力需求侧管理正是为适应这一变化而兴起的新的能源管理方法。这期间，美国建立了同时将供应方和需求方两种资源作为一个整体进行综合资源规划（IRP）的新理念，对供电方案和节电方案进行技术筛选和成本效益分析，形成综合规划方案。

1978 年底第二次石油危机爆发后，更多国家开始重视电力需求侧管理的研究和应用，目前已逐渐扩散到加拿大、欧盟、日本、巴西等几十个国家和地区。国际能源署 2004 年的一份报告显示，自从 20 世纪 70 年代第一次石油危机以来，发达国家通过采取包括电力需求侧管理在内的多种提高能效的措施，使得单位 GDP 能耗降低了约 50%。如 2000 年美国人均一次能源消费量与1973 年几乎相等，但人均 GDP 却增长了 74%。法国通过应用电力负荷监控等电力需求侧管理措施，日负荷率由 73% 提高到 85% 左右，相应地减少发电容量 19 000MW。英国筹集 1.65 亿美元，投资到 500 多个提高能效的项目中，实现节能 6800GWh，相当于 200 万家庭的年用电量。30 多年的实践证明，电力需求侧管理为世界经济的可持续增长做出了积极的贡献。

20 世纪 90 年代初，电力需求侧管理引入到我国。1991～1995 年，我国举办了多次由国际专家主讲的有关电力需求侧管理知识的培训研讨班。1996～2000 年，各省（市）先后开展了多种电力需求侧管理示范项目，取得了一定的经验。特别是 2002 年以来，随着电力供需紧张，电力需求侧管理进一步得到了全社会的普遍关注，电力需求侧管理在我国进入了一个较快发展的时期，国家有关政府部门及部分省级政府出台了很多关于电力需求侧管理的政策，对实施有序用电、提高能效、缓解电力供需矛盾发挥了积极的作用。

二、我国电力需求侧管理发展

20 世纪 90 年代初电力需求侧管理理念引入我国，并逐步得到实际应用。政府有关部门和学术界非常关注它的应用前景和应采取的对策。国家计委、国家经贸委、国家科技部、原国家电力公司以及大中型电力用户、有关科研机构、高等院校、社会团体做了大量的推动性工作，开展了多种形式的国际交流，举办了各种层次的研讨会和培训班，在区域电网和企业电网进行了多次试点研究和工程示范，运用市场工具和采用激励机制鼓励高新节电技术产品的生产、开发和应用，积累了有益的经验。鉴于电力需求侧管理能够把节能节电导入潜力巨大的能效市场，显著地提高社会效益和群体效益，给节能节电灌注新的活力，国家经贸委和国家计委将电力需求侧管理以法规形式纳入了 2000 年 12 月 29 日发布的《节约用电管理办法》，原国家电力公司把电力需求侧管理列入了 2001 年开始实施的《国家电力公司一流供电企业考核标准（试行）》的一项考核内容。明确规定一流供电企业必须积极开展需求侧管理，要有计划、有实效。

1991 至 2000 年的 10 年间，我国通过开展电力需求侧管理，实现累计节电 1300 亿 kWh，节煤 6000 万 t，减排二氧化硫 130 万 t，为国民经济以及电力工业可持续发展做出了积极贡献。

另据统计，2010 年中国国内生产总值由 1995 年的 58 478 亿元人民币增长为 397 983 亿元人民币，年均增长率达到 13.64％，而同期全社会电力消费总量将由 10 103 亿 kWh 增长到 41 923 亿 kWh，年均增长率达到 9.95％。由于我国在电力需求侧管理上起步较迟，虽然取得了不少可喜的成绩，但相对于国外的实行状况，还是存在不小的差距。国际能源署 2004 年的一份报告显示，发达国家通过实施电力需求侧管理，单位 GDP 能耗降低约 50％。目前，中国的 GDP 单位能耗是世界的平均水平的 2 倍，比美国、欧盟、日本分别高 2～3 倍、4～5 倍和 8 倍。

2002 年以来，面对电力持续紧张的困局，作为缓解电力供应紧张矛盾的有效手段，电力需求侧管理得到了全社会的极大重视。各地区、各部门和电网企业认真贯彻国务院关于做好电力供应工作的部署和要求，结合自身情况，切实采取有效措施，转移高峰负荷，减少电力需求，有效缓解了电力供需矛盾，最大限度地保证了居民生活、农业生产和重点单位的用电需要，促进了经济持续健康发展。

三、国外电力需求侧管理发展

电力需求侧管理最早起源于能源消费占世界首位的美国。20 世纪 70 年代，由于第四次中东战争和伊朗伊斯兰革命引发了两次世界能源危机，使世界各国对能源问题给予了极大的关注，加上化石燃料燃烧产生的 CO_2、SO_2、粉尘等排放物对环境的污染日益严重，促进了电力需求侧管理的广泛应用，很快便风靡全球。目前，世界上已有 30 多个国家和地区实施了电力需求侧管理，其中既包括电力供应比较充裕的发达国家，也包括电力供应比较紧缺的发展中国家。例如加拿大、美国、德国、法国、爱尔兰、瑞典、丹麦、芬兰、荷兰、西班牙、葡萄牙、瑞士、巴西、墨西哥、阿根廷、秘鲁、波兰、捷克、斯洛伐克、希腊、俄罗斯、乌克兰、澳大利亚、新西兰、印度、印度尼西亚、泰国、菲律宾、新加坡、越南、韩国、日本，以及中国台湾和香港特别行政区，都在不同程度上运用电力需求侧管理推动用户参与调荷节电工作，在减少能源消耗、改善电网运行、保护环境等方面取得了显著的成效。其中，欧洲和美国在电力需求侧管理上由于起步较早，积累了不少有价值的经验。

（一）美国电力需求侧管理

在美国，电力需求侧管理是以州为单位开展的。电力需求侧管理的管理模式包括三大类：一是电力公司管理模式；二是政府机构管理模式；三是第三方管理模式。

1. 电力公司管理模式

大多数州都采用电力公司管理模式，典型代表是加利福尼亚州。这种模式的优点是电力公司的员工具有丰富的管理经验，有利于顺利开展电力需求侧管理工作。缺点是电力公司不愿因实施电力需求侧管理项目而降低售电量。

2. 政府机构管理模式

政府机构管理模式是由州政府机构负责管理电力需求侧管理项目，典型代表是纽约州。这种模式的优点是由州政府统筹规划全州项目，能最大程度地避免利益冲突。缺点是政府部门缺乏专业人才，行政决策可能会过多地干预项目运作，效率低下。

3. 第三方管理模式

委托第三方管理模式是委托第三方组织管理电力需求侧管理项目。典型代表是佛蒙特州的佛蒙特能源投资公司竞标获得能效管理权，承包全州的能效项目服务。这种模式的优点是管理方的职责和目的与州政府的节能目标紧密结合，管理高效。缺点是不利于吸引实施主体参与，很难大面积推广实施。

（二）欧盟电力需求侧管理

在实施能效管理和需求侧管理工作中，欧盟成员国坚持成本效益、市场驱动、关注重点项目的原则，深入研究能效和需求侧管理的潜力和指标，全面提出未来目标并进行有效分解，保证能效和电力需求侧管理工作取得实效。主要通过以下几点实施。

1. 建立健全行政法规

通过制定能源法、能源税法等明确规定政府、行业管理部门、中介及研究机构、电力用户在能效管理和需求侧管理中的作用、权利和义务。欧盟成员国将能效标识推广应用到电冰箱、洗衣机、干衣机、洗碗机、电烤箱、热水器、照明灯具及空调等家用电器，计算机、传真机等办公设备，以及集中空调、锅炉、电机等工业和商用设备。家用电器实行强制性标签计划，要求所有家用电器生产企业和销售部门都有义务以标签形式明确标明该电器的耗能参数和耗能级别。

2. 建立健全财税政策

欧盟非常注重实施能效管理和需求侧管理过程中相关投资的税收及财政政策的建立。其方式一般有两种：一是通过增加能源使用的成本，刺激能效的提高。许多国家通过征收能源税、碳税，刺激管理者用电行为的改变和增加能效设备的投入来改进能源管理。二是通过给予适当的利益贴补，降低能效投资和投入。从节能公共基金中对有能效投资的企业或公司给予补贴，也可以补贴给服务部门，提供各种形式的低息贷款，用于能效设备购置和贷款担保等。

3. 建立健全市场机制

一方面，电力终端用户分别向若干家能源服务商提出能源服务要求，多家能源服务商参与竞争，为用户提供最合算的能源服务。另一方面，计划实施电力需求侧管理的电力公司向社会公开征集电力需求侧管理实施建议，由能源服务公司或大用户参与竞争，为电力公司提供最有效益的电力需求侧管理实施建议。同时，建立需求侧响应机制，将需求方资源等同于供应侧资源，通过价格机制改变用户用电模式；用户积极响应价格信号，主动参与电力需求侧管理项目。

4. 大力开发推广应用新技术

技术进步是提高能效的基础，节能潜力的挖掘也是建立在能效技术开发基础之上的。欧盟成员国普遍认为：加大电力需求侧管理的宣传力度是促使电力需求侧管理项目顺利实施的根本保证。他们对于信息的传播非常重视，经常通过发放宣传手册、举办技术展览、通过大众媒介（包括网络）刊登广告、开展技术培训、建立示范项目等方式促进节能技术、能效产品信息的有效传达，引起用户对电力需求侧管理项目的注意并积极参与其中。

5. 热电联产及其他可再生能源

欧盟国家相当重视开发利用水能、太阳能、风能、生物质能、海洋能及地热等可再生能源，以此作为减排温室气体的有效途径，同时积极研究和推广热电联产技术。为了促进可再生能源的发展，欧盟及其成员国提出明确的可再生能源发展目标，制定系统的、积极务实的政策和措施，通过协调宏观调控与市场机制的关系，促进可再生能源的发展。

四、电力需求侧管理发展趋势——需求响应

需求响应（Demand Response，DR）即电力需求响应的简称，是指当电力批发市场价格升高或系统可靠性受威胁时，电力用户接收到供电方发出的诱导性减少负荷的直接补偿通知或者电力价格上升信号后，响应电力供应而改变其固有的习惯用电模式，减少或者推移某时段的用电负荷，从而保障电网稳定，并抑制电价上升的短期行为。它是需求侧管理的解决方案之一。

需求响应分为两种：一种是基于价格的需求响应，另一种是基于激励的需求响应。

基于价格的需求响应是指电力用户根据收到的价格信号，包括分时电价、实时电价和尖峰电价等，相应地调整电力需求。

基于激励的需求响应是指需求响应实施机构根据电力系统供需状况制定相应政策，电力用户在系统需要或电力紧张时减少电力需求，以此获得直接补偿或其他时段的优惠电价，包括直接负荷控制、可中断负荷、需求侧竞价、紧急需求响应、容量市场项目和辅助服务项目等。

小　结

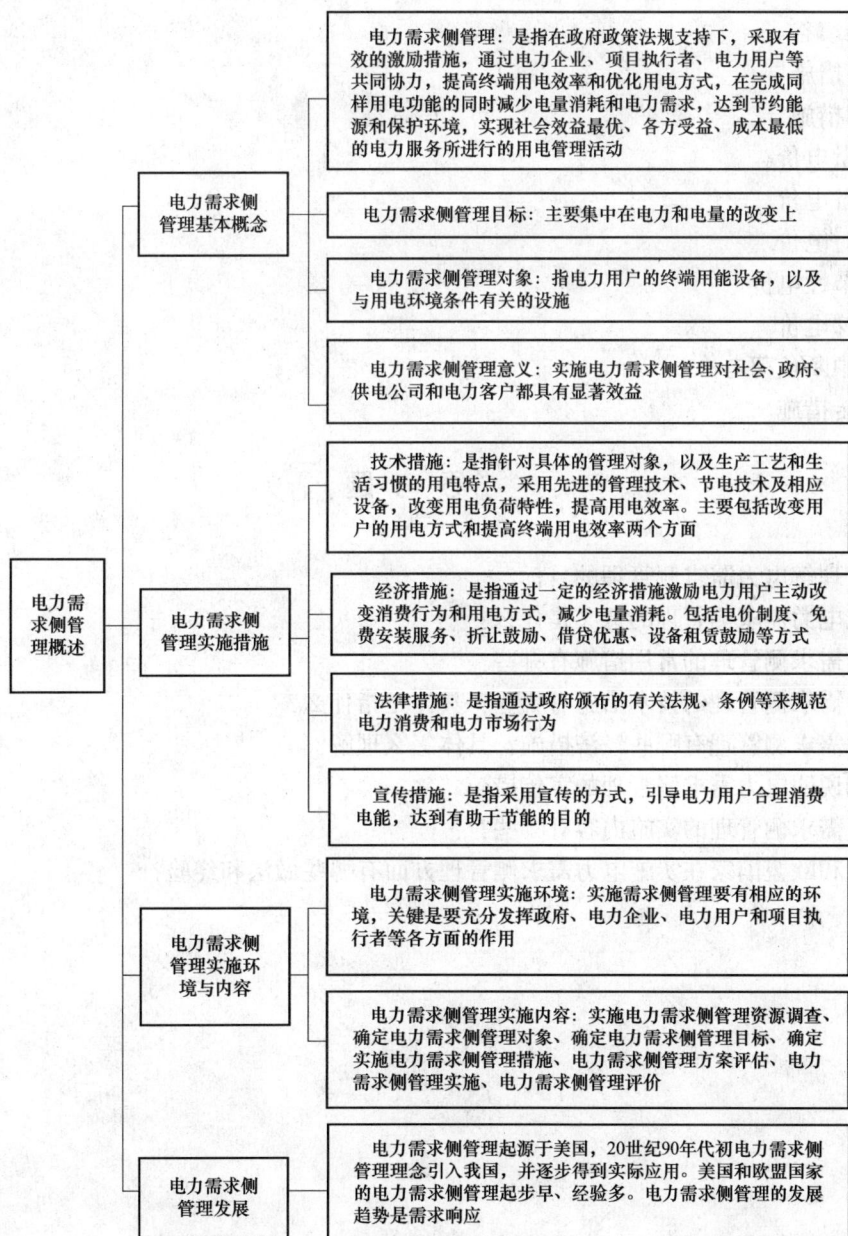

电力需求侧管理概述	电力需求侧管理基本概念	电力需求侧管理：是指在政府政策法规支持下，采取有效的激励措施，通过电力企业、项目执行者、电力用户等共同协力，提高终端用电效率和优化用电方式，在完成同样用电功能的同时减少电量消耗和电力需求，达到节约能源和保护环境，实现社会效益最优、各方受益、成本最低的电力服务所进行的用电管理活动
		电力需求侧管理目标：主要集中在电力和电量的改变上
		电力需求侧管理对象：指电力用户的终端用能设备，以及与用电环境条件有关的设施
		电力需求侧管理意义：实施电力需求侧管理对社会、政府、供电公司和电力客户都具有显著效益
	电力需求侧管理实施措施	技术措施：是指针对具体的管理对象，以及生产工艺和生活习惯的用电特点，采用先进的管理技术、节电技术及相应设备，改变用电负荷特性，提高用电效率。主要包括改变用户的用电方式和提高终端用电效率两个方面
		经济措施：是指通过一定的经济措施激励电力用户主动改变消费行为和用电方式，减少电量消耗。包括电价制度、免费安装服务、折让鼓励、借贷优惠、设备租赁鼓励等方式
		法律措施：是指通过政府颁布的有关法规、条例等来规范电力消费和电力市场行为
		宣传措施：是指采用宣传的方式，引导电力用户合理消费电能，达到有助于节能的目的
	电力需求侧管理实施环境与内容	电力需求侧管理实施环境：实施需求管理要有相应的环境，关键是要充分发挥政府、电力企业、电力用户和项目执行者等各方面的作用
		电力需求侧管理实施内容：实施电力需求侧管理资源调查、确定电力需求侧管理对象、确定电力需求侧管理目标、确定实施电力需求侧管理措施、电力需求侧管理方案评估、电力需求侧管理实施、电力需求侧管理评价
	电力需求侧管理发展	电力需求侧管理起源于美国，20世纪90年代初电力需求侧管理理念引入我国，并逐步得到实际应用。美国和欧盟国家的电力需求侧管理起步早、经验多。电力需求侧管理的发展趋势是需求响应

基本概念

1. 电力需求侧管理
2. 技术措施
3. 削峰
4. 直接负荷控制
5. 可中断负荷控制
6. 填谷
7. 移峰填谷
8. 经济措施
9. 法律措施
10. 容量电价
11. 峰谷电价
12. 分时电价
13. 季节性电价
14. 阶梯电价
15. 可中断负荷电价
16. 宣传措施

思考题

1. 如何理解电力需求侧管理的目标？
2. 实施电力需求侧管理的意义是什么？
3. 电力需求侧管理的常用措施有哪些？
4. 电力需求侧管理的技术措施有哪些？具体是指什么？
5. 电力需求侧管理有哪些经济措施？具体怎么理解？
6. 举例说明电力需求侧管理的宣传措施。
7. 电力需求侧管理的实施内容有哪些？
8. 美国和欧盟国家在实施电力需求侧管理方面有哪些做法和经验？

第二章　电力需求侧管理的成本效益分析

---【学习目标】---

(1) 掌握实施电力需求侧管理的供电公司成本效益分析。
(2) 掌握实施电力需求侧管理的电力用户成本效益分析。
(3) 掌握实施电力需求侧管理的项目执行者成本效益分析。
(4) 掌握实施电力需求侧管理的社会成本效益分析。

---【内容提要】---

电力需求侧管理方案立足于各参与方共同贡献均能受益，综合评估参与方各自的成本形式和利益要求，提供一个各方相容的范围和得益机会，以激发他们投资于电力需求侧管理的积极性和实施能力。本章主要介绍实施电力需求侧管理的供电公司的成本效益分析，电力用户的成本效益分析，项目执行者的成本效益分析以及社会的成本效益分析。

成本效益分析是以货币为基础，对电力需求侧管理方案的成本和效益进行分析计算，通过对比分析来评价电力需求侧管理方案经济效益的一种方法。成本效益分析的评价方法有两种：一种是绝对比较，即将收益减去成本，其差额大于 0，则方案可行；另一种是相对比较，即将收益除以成本，其比值大于 1，则方案可行。同时，成本效益分析有考虑资金时间价值和不考虑资金时间价值两种方式。下面的成本效益分析采取第一种方式，即绝对比较的方式。

第一节　供电公司的成本效益分析

一、供电公司总收益分析

供电公司是电力需求侧管理实施方案的主体，对供电公司而言，电力需求侧管理方案的收益是可避免电量成本费用与减少的售电收入之差。

（一）可避免电量

可避免电量是指由于电力用户采取电力需求侧管理措施而减少使用的电量。一般以年度计算。削峰和战略性节能的措施能够获得可避免电量，可避免电量可以减少购电并延缓电网的更新改造。

（二）可避免电量成本

对供电公司来讲，将购买发电企业电量的最后一个单位电量就是供电公司的可避免电量成本。

（三）可避免电量成本费用

可避免电量成本费用是可避免电量与可避免电量成本的乘积。当每年的可避免电量相同，且可避免电量成本一定时，各年的可避免电量成本费用是不变的。

（四）减少的售电收入

由于电力需求侧管理方案的实施，电力用户将减少用电量，产生了可避免电量，供电公司的售电收入将减少。一般以年度计算。当每年的可避免电量相同，且供电电价一定时，各年减少的售电收入不变，为可避免电量与供电电价的乘积。

（五）供电公司总收益

供电公司每年的收益为可避免电量成本费用与减少的售电收入之差。当每年的可避免电量成本费用、每年减少的售电收入不变时，供电公司每年的收益是相同的。

如果不考虑资金的时间价值，则供电公司总收益为每年收益之和，如果考虑资金的时间价值，则应考虑供电公司的折现率进行计算。

从上述分析可以看到：只要可避免电量成本大于供电电价，电力需求侧管理项目对供电公司是有收益的。

二、供电公司总成本分析

对供电公司而言，电力需求侧管理方案的成本是指电力需求侧管理实施的支出费用，通常包括供电公司的支持费用和管理费用。

（一）支持费用

支持费用一般占年度电力需求侧管理项目的直接费用的一部分，即直接费用与项目补贴率的乘积。项目补贴率一般在 0～1 之间。

（二）管理费用

管理费用是指用于电力需求侧管理项目实施的管理费用，管理费用通常占支持费用的10％～20％，也是以年度计算。

（三）供电公司总成本

供电公司每年的成本是支持费用和管理费用之和。总成本是供电公司每年成本之和，要区分不考虑资金时间价值和考虑资金时间价值计算。

三、供电公司成本效益分析

电力系统在没有过剩容量的情况下，用电的增长要依靠增加装机容量来解决，可避免电量成本通常是高于供电电价的，也就是可避免电量成本费用大于售电收入减少带来的损失。如果电力用户的电力需求侧管理措施费用全部自己承担，也就是不发生支持费用，可以肯定供电公司的成本效益是可行的。因此，供电公司是具备实施电力需求侧管理的资金支持能力的。

在容量短缺、供电不足的电力系统，实际上不存在电力需求侧管理实施带来的售电收入的减少，因此，供电公司的收益就是可避免电力成本费用，这是供电公司的最大收益。在这种情况下，供电公司具备更大能力支持电力需求侧管理的实施。

在有较多过剩容量的电力系统，用电的增长可以部分或全部利用闲置容量解决，这时电量充足，购电成本较低，可避免电量成本通常低于供电电价，无法抵偿售电收入的减少。因此，电网需要财政激励支持电力需求侧管理项目的实施。

总之，供电公司的成本效益分析是要综合评价供电公司的收益与成本，只有收益大于成本时，供电公司实施电力需求侧管理才是有效的。反之，则是不可行的。

第二节　电力用户的成本效益分析

一、电力用户的总收益分析

电力用户是电力需求侧管理实施的对象，对电力用户而言，电力需求侧管理方案的收益是节省用电减少的电费支出及获得的支持费用。

（一）节省用电减少的电费支出

供电公司每年的可避免电量就是电力用户每年节约的电量，当每年节约的电量相同，且终端电价一定时，电力用户每年减少等额的电费支出，即可避免电量与终端电价的乘积。

（二）获得的支持费用

电力用户支持费用就是供电公司给予的支持费用，一般是指年度电力需求侧管理项目的直接费用与项目补贴率的乘积。项目补贴率一般在 0～1 之间。

（三）电力用户的总收益

电力用户每年的收益是节省用电减少的电费支出与获得的支持费用之和。电力用户的总收益是每年收益之和，要区分不考虑资金时间价值和考虑资金时间价值计算。

二、电力用户的总成本分析

对电力用户而言，电力需求侧管理方案的成本主要包括增加的设备购置安装费和增加的设备维护费用。

（一）增加的设备购置安装费

增加的设备购置安装费是电力需求侧管理项目的购置安装费（即电力需求侧管理项目的直接费用）减去被替代设备的购置安装费（也即节电项目的避免费用）。

（二）增加的设备维护费用

实施电力需求侧管理项目要增加的设备维护费用。

（三）电力用户的总成本

对电力用户来讲，每年实施电力需求侧管理的成本为增加的设备购置安装费与增加的设备维护费用之和。总成本为每年成本之和，要区分不考虑资金时间价值和考虑资金时间价值计算。

三、电力用户的成本效益分析

通过比较电力用户的收益与支出，如果收益大于支出，电力用户实施电力需求侧管理是有效益的，就能提高电力用户实施电力需求侧管理的积极性；反之，如果收益小于支出，对电力用户就没有效益，就不能调动电力用户实施电力需求侧管理。

第三节　项目执行者的成本效益分析

项目执行者通常是指介于供电公司和电力用户之间的参与实施电力需求侧管理项目的部门，例如节能公司、能源服务公司等。项目执行者既受雇于供电公司，又受雇于电力用户；既参与供电公司的招标竞争，又为电力用户提供各种形式的能源服务。项目执行者一般从供电公司和电力用户的收益中分享部分节电效益，以回收其投入的节电资金并获得一定的利润。

一、项目执行者的总收益分析

项目执行者的收益就是分享电力用户的节电效益，通常称分享的节电效益为节电分成。节电分成是节电收益提成与节电收益（即减少的电费支出）的乘积。

项目执行者的总收益为每年收益之和，也要区分不考虑资金时间价值和考虑资金时间价值计算。

二、项目执行者的总成本分析

从对电力用户服务的角度出发，项目执行者的成本包括两个部分：一是对电力用户的支持费用，二是对电力用户的管理费用。因此，项目执行者每年的成本为对电力用户的支持费用与对电力用户的管理费用之和。总成本为每年成本之和，要区分不考虑资金时间价值和考虑资金时间价值计算。

三、项目执行者的成本效益分析

项目执行者通常是独立经营的中介性机构，如节能公司或能源服务公司，它们不可能像供电公司实施电力需求侧管理项目一样可以通过采取提高电价的方法获得额外的收益，也不能动用属于供电公司的任何基金。因此，常用的办法是与电力用户签订能源服务合同，从用户节电效益中分享部分利益。其次，就是采取财政激励措施鼓励电力用户接受电力需求侧管理项目服务，增加电力用户节能信心，与电力用户共同承担投资风险和共享节电收益。

通过对项目执行者的收益成本进行分析可知，项目执行者只有在其节电收益能够抵偿支出的成本并获得一定的利润时，项目执行者实施电力需求侧管理的效益才是可行的。

第四节　社会的成本效益分析

一般来说，社会评价的范围即为供电服务的区域，在分析时考虑整个项目的费用和社会效益，即供电公司和电力用户的全部成本收益来分析，而如补贴等内部转移费用则不做考虑。另外，二氧化硫和二氧化碳减排量也作为社会整体效益中的重要组成部分。

一、社会成本效益分析

（一）社会的总收益分析

社会的每年收益就是从整个社会角度看整个需求侧管理项目的收益，即可避免的发电成本、可避免的电网投资费用、可避免的电力维护和检修费用的总和。社会的总收益为每年的社会收益之和，要区分不考虑资金的时间价值和考虑资金的时间价值计算。

（二）社会的总成本分析

社会的每年成本就是从整个社会角度看整个需求侧管理项目的成本，即用户需求侧管理项目初始设备差额投资、供电公司对于电力需求侧管理项目实施而产生的广告费用、电力需求侧管理用户获得的政府激励资金支持、供电公司得到的政府补贴以及供电公司对于参与电力需求侧管理的电力用户提供的资金支持的总和。社会的总成本为每年的社会成本之和，要区分不考虑资金的时间价值和考虑资金的时间价值计算。

通过比较社会总收益与总支出，如果总收益大于总支出，社会实施电力需求侧管理是有效益的，就能提高社会实施电力需求侧管理的积极性；反之，如果总收益小于总支出，社会实施电力需求侧管理就没有效益。

二、二氧化硫和二氧化碳减排量分析

从社会角度看，整个社会获得的效益还有环境效益，主要包括二氧化硫和二氧化碳排量的减少。

二氧化硫和二氧化碳排量的减少主要是用可避免电量乘以二氧化硫和二氧化碳排量的减排系数获得。一般，减排量大说明实施电力需求侧管理效果显著。

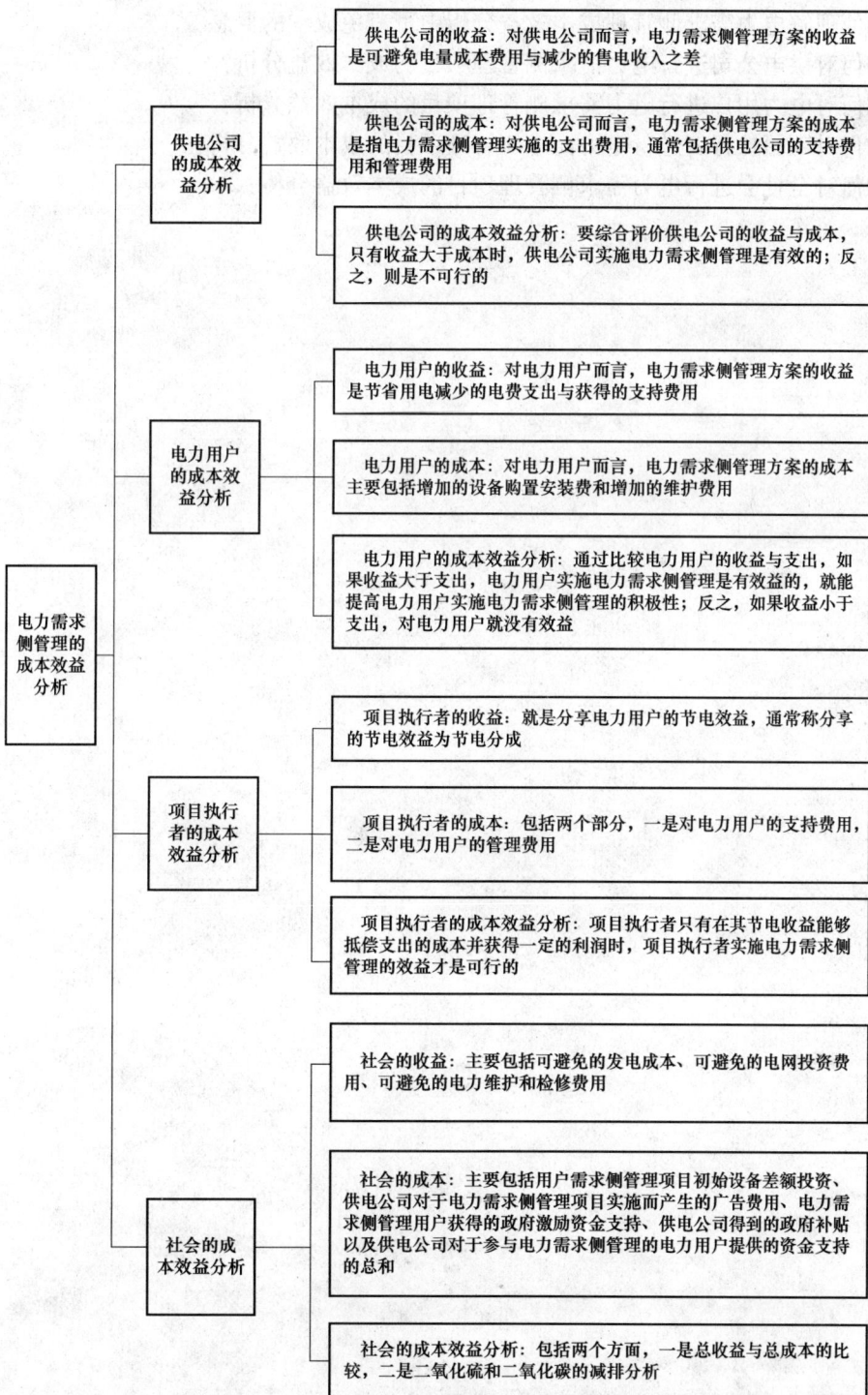

小 结

供电公司的收益：对供电公司而言，电力需求侧管理方案的收益是可避免电量成本费用与减少的售电收入之差

供电公司的成本：对供电公司而言，电力需求侧管理方案的成本是指电力需求侧管理实施的支出费用，通常包括供电公司的支持费用和管理费用

供电公司的成本效益分析：要综合评价供电公司的收益与成本，只有收益大于成本时，供电公司实施电力需求侧管理是有效的；反之，则是不可行的

供电公司的成本效益分析

电力用户的收益：对电力用户而言，电力需求侧管理方案的收益是节省用电减少的电费支出与获得的支持费用

电力用户的成本：对电力用户而言，电力需求侧管理方案的成本主要包括增加的设备购置安装费和增加的维护费用

电力用户的成本效益分析：通过比较电力用户的收益与支出，如果收益大于支出，电力用户实施电力需求侧管理是有效益的，就能提高电力用户实施电力需求侧管理的积极性；反之，如果收益小于支出，对电力用户就没有效益

电力用户的成本效益分析

电力需求侧管理的成本效益分析

项目执行者的收益：就是分享电力用户的节电效益，通常称分享的节电效益为节电分成

项目执行者的成本：包括两个部分，一是对电力用户的支持费用，二是对电力用户的管理费用

项目执行者的成本效益分析：项目执行者只有在其节电收益能够抵偿支出的成本并获得一定的利润时，项目执行者实施电力需求侧管理的效益才是可行的

项目执行者的成本效益分析

社会的收益：主要包括可避免的发电成本、可避免的电网投资费用、可避免的电力维护和检修费用

社会的成本：主要包括用户需求侧管理项目初始设备差额投资、供电公司对于电力需求侧管理项目实施而产生的广告费用、电力需求侧管理用户获得的政府激励资金支持、供电公司得到的政府补贴以及供电公司对于参与电力需求侧管理的电力用户提供的资金支持的总和

社会的成本效益分析：包括两个方面，一是总收益与总成本的比较，二是二氧化硫和二氧化碳的减排分析

社会的成本效益分析

思 考 题

1. 如何理解电力需求侧管理成本效益分析中可避免成本的概念?
2. 如何对供电公司进行电力需求侧管理项目的成本效益分析?
3. 如何对电力用户进行电力需求侧管理项目的成本效益分析?
4. 如何对项目执行者进行电力需求侧管理项目的成本效益分析?
5. 如何对全社会进行电力需求侧管理项目的成本效益分析?

————【本篇案例】————

安徽省电力需求侧管理分析[1]

电力需求侧管理是国际上倡导和推行的一种先进的资源规划方法和管理技术。本案例以安徽省为研究对象,对电力需求侧管理进行分析。

一、安徽省电力需求侧管理现状

自电力需求侧管理概念于 20 世纪 90 年代初引入我国以来,在全国大环境的整体推动下,安徽省电力需求侧管理主要经历了以下两个阶段。

2000 年前,随着电力需求侧管理在经济界的大力传播,在政府的积极引导下,安徽省电力需求侧管理进入了大讨论、大宣传阶段。电力部门积极参与电力需求侧管理的宣传推动工作,这一阶段为电力需求侧管理概念普及及宣传推动阶段。

进入"十五"以后,由于电力供需矛盾的突出,电力需求侧管理进入组织实施阶段,通过对《节约用电管理办法》《关于推进电力需求侧管理的指导意见》的贯彻实施,电力需求侧管理采取了行政、经济、技术措施,为缓解供需矛盾,保障电力的有序供应及全省经济的平稳快速增长做出了积极贡献。电力需求侧管理受到前所未有的高度关注,得到政府的高度肯定。这一阶段,安徽省电力需求侧管理取得了初步成果:第一,省政府依据国家有关规定,制订并下发了《安徽省电力需求侧管理实施办法》,初步建立了电力需求侧管理的法律体系。第二,根据有关规定,加强负荷管理,针对夏(冬)季用电负荷短缺问题,组织迎峰度夏(冬),采取"先避峰后错峰、再拉电"方案,最大限度地减少拉闸限电损失,确保电网安全稳定运行、全省电力的有序供应及社会的稳定。第三,制定和颁发了《安徽省峰谷分时电价政策》,以经济杠杆作用推动电力用户主动移峰填谷,提高全省发电、用电经济效益。第四,开展移峰填谷,提高用户端用电效益的技术推广工作。通过近几年的努力,推广电力蓄冷空调 12 组,电锅炉蓄热 159 组,蓄冷(热)用电设备容量 10.27 万 kW,直接转移高峰电力 9 万 kW,开拓低谷用电市场 9000 万 kWh。同时,开展绿色照明、无功就地补偿、变频调速技术推广,每年可节约高峰电力 10 万 kW,节约用电量达 6 亿 kWh。

二、安徽省电力需求侧管理采取的主要措施

1. 行政措施

地方政府及有关职能部门在国家法律的框架内,以行政力量来推动电力需求侧管理,达到约束浪费、节能减排的目的。安徽省主要是培育以市场为导向的电力需求侧管理节能节电运作机制,制定支持能效管理和节电运作的行政法规和政策规定,加强法制化建设、政策性鼓励、指导性服务,适度干预能效市场,克服能效市场障碍,实施激励机制和约束机制相结合、以鼓励为主的节能节电政策,较好地创造了一个有利于需求侧管理的实施环境。

2. 经济措施

推行峰谷分时电价及高耗能企业差别电价政策,利用经济手段引导电力用户调荷避峰,改变用电方式,实现合理用电,提高终端用电效率。分时电价、差别电价在推动需求侧管理方面发挥了积极的经济杠杆作用。

---

[1]　电力技术网,王厚文,安徽省电力公司营销部高级工程师。

3. 技术措施

电力需求侧管理技术是指通过用户采用先进技术和高效设备提高终端用电效率，减少电量消耗，取得节约电量和减少污染排放的效益。技术措施也包括通过负荷调整技术改善用户的用电方式，降低电网的最大负荷，取得节约电力和减少装机容量的效益。因此，电力需求侧管理技术即包括对电量的节约，也包括对电力的节约。目前，蓄冷、蓄热空调技术，绿色照明技术，无功就地补偿及滤波技术，变频调速技术，其节电量、节电力效果明显，也是全国推广最为普遍的电力需求侧管理技术。

三、安徽省电力需求侧管理机制分析

1. 政府的主导作用

政府是社会利益的维护者，关心各方面的利益，更顾及整体利益，以保障社会持续健康的发展，是社会利益的代表。政府在制定和实施电力需求侧管理有关政策、办法中起主导作用。政府的主要职责是制定电力需求侧管理法规、规章、规定及办法，制订电力需求侧管理发展计划及中长期规划，建立电力需求侧管理领导机构及长效工作机制，建立电力需求侧管理专项资金及激励机制，调动社会各方力量积极推动电力需求侧管理的组织实施。

2. 电力公司的主体作用

根据政府有关电力需求侧管理法规、规章及电力需求侧管理中长期计划，编制电力需求侧管理年度计划，建立长效工作机制，组织电力需求侧管理宣传推动工作，开展电力需求侧技术推广工作，组织电力需求侧管理技术项目推广、评价及管理工作。电力公司既是政府电力需求侧管理计划的主要承担者，又是电力需求侧管理的主要执行者，电力公司通过运营活动来实现电力需求侧管理计划，电力公司是电力需求侧管理的实施主体。

3. 能源服务公司的支持作用

电力需求侧管理需要大量的节能、节电技术作支撑。因此，各类具有资质的能源服务公司在电力需求侧管理中起着至关重要的作用。它可以协助政府，配合电力公司实施电力需求侧管理计划，推广节电产品和节电技术，并通过"合同能源"管理，实施能效的提高和加快电力需求侧管理的组织实施工作。

4. 电力用户的参与及推动作用

电力用户是终端节能节电的主体，是提高能效的主要实施者，是电力需求侧管理整体推动的主要贡献者，是建设节约型社会的直接参与者。电力用户根据国家政策及规定，有义务积极参与电力需求侧管理技术推动工作。

四、安徽省绿色照明案例及效益分析

安徽省铜陵冬瓜山铜矿 2002 年投资 100 万元，对老式灯具进行改造，每年可节电 35 万 kWh，4 年即可回收全部投资。

根据调查资料反映，安徽省冶金、石化、建材、纺织、有色、机械六大行业工矿车间的节能灯的使用率仅为 37.70%，目前，仍有近 31 万 kW 的照明用电采用老式灯具，其中 100W 的白炽灯达 120 万只，如果全部更换为节能灯，每年可节电 2.0 亿 kWh。

安徽省城乡居民用电户按 1200 万户计算，如每户安装一只 9W 一体化节能灯（相当于 40W 白炽灯），可减少晚灯峰用电负荷 38.4 万 kW，每年可节电 8.4 亿 kWh，节约电费 4.69 亿元，扣除节能灯购置费，每年可节约电费 3.79 亿元。因此，推广绿色照明，其节电效益显著，节电潜力巨大。

第二篇　电力负荷管理与调荷节能

第三章　电力负荷管理

────【学习目标】────

(1) 掌握电力负荷管理概念。

(2) 了解电力负荷管理意义。

(3) 掌握电力系统负荷曲线含义和种类。

(4) 掌握电力负荷管理的经济措施。

(5) 掌握电力负荷管理的技术措施。

(6) 掌握电力负荷管理的行政措施。

(7) 了解电力负荷管理系统。

────【内容提要】────

由于电能生产规模很大，每降低 1kWh 电量所节约的一次能源成本和减少输送、分配一/二次能源时的消耗都具有很大的经济效益。因此，除了应尽可能选用高效节能的发电、输电、配电设备及优化电源配置与网络结构外，电力负荷管理具有重大意义。本章主要讲述电力负荷管理概念、意义和电力系统负荷曲线，电力负荷管理的措施以及电力负荷管理系统。

第一节　电力负荷管理概述

一、电力负荷管理概念

电力负荷管理是指用经济的、技术的和行政的措施来控制电力系统负荷的增长速度及调整电力系统的负荷曲线以求得最佳经济效益。

二、电力负荷管理意义

根据各国多年的统计，电力负荷以每年百分之几到百分之十几的速度在增长，而且有些负荷系数（平均负荷与最大负荷的比值）很低，最大负荷与最小负荷的差别非常悬殊，因此，单靠增加发电设备来满足负荷增长的需要，对整个社会的资源配置是极不合理的。20世纪 70 年代以来世界各国都发生能源短缺的现象，各国对电力基本建设的投资也十分短缺，随着电力系统规模不断扩大，电力基本建设的速度也越来越缓慢。因此，从整个社会来考虑，有计划地指导和控制电力负荷的增长速度，指导负荷的调整，限制某些负荷在系统尖峰负荷时用电，尽量减小尖峰负荷的数值，使电力系统综合负荷曲线更平坦，充分发挥已有发电设备及供电设备的利用率，这就是负荷管理的意义。

三、电力系统负荷曲线

(一) 负荷曲线概念

电力系统负荷曲线是指电力系统中各类电力负荷随时间变化的曲线。负荷曲线是调度运行和电力系统规划的依据。电力系统的负荷涉及广大地区的各类用户，每个用户的用电情况很不相同，且事先无法确知在什么时间、什么地点、增加哪一类负荷，因此，电力系统的负荷变化带有随机性。人们用负荷曲线记述负荷随时间变化的情况，并据此研究负荷变化的规律性。

负荷曲线的横坐标是时间，纵坐标一般是有功功率，因此，通常的负荷曲线是有功功率、负荷曲线。然而负荷从电力系统中取用的不仅是有功功率，同时还取用无功功率。电力系统的调度不仅调度发电机的有功功率，有时还要调度发电机、同步调相机及电容器等的无功功率，因此，还有一个无功功率的负荷曲线。

(二) 负荷曲线种类

负荷曲线的分类有很多依据，按负荷种类分，负荷曲线分有功功率负荷曲线和无功功率负荷曲线；按时间长短分，负荷曲线分为日负荷曲线和年负荷曲线；按计量地点分，负荷曲线分为个别用户、电力线路、变电站、发电厂乃至整个系统的负荷曲线。

1. 日负荷曲线

(1) 日负荷曲线的种类。日负荷曲线的种类很多，按发电、供电、用电环节分，有发电日负荷曲线、供电日负荷曲线和用电日负荷曲线；按季节分，有冬季日负荷曲线和夏季日负荷曲线；按用电行业分类分，有第一产业（农业）日负荷曲线、第二产业（工业、建筑业）日负荷曲线、第三产业（商业、宾馆、饭店、交通运输等）日负荷曲线和居民生活日负荷曲线，其中，工业还可进一步分为冶金、化工、建材、机械、食品、纺织、电子等行业；按有功与无功分，有日有功负荷曲线和日无功负荷曲线。负荷曲线中的最大值称为最大负荷（P_{max}），最小值称为最小负荷（P_{min}）。这两个数据是分析电力系统负荷特性的重要数据。由负荷曲线也可以计算出用户消耗电能的多少。一天中负荷消耗的电量（kWh），即日负荷曲线 P 下面的这一块面积。如图 3-1 所示。

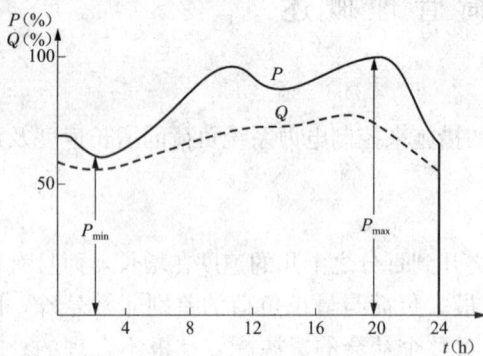

图 3-1　日负荷曲线

(2) 日负荷曲线的特点。不同地区、不同季节在工作日、周休日或节日的日负荷曲线各不相同。在实际应用中，一般采用有代表性的典型季节的典型日负荷曲线，包括典型日负荷曲线和典型日持续负荷曲线。根据典型日负荷曲线可以得出典型日最大（最小）负荷和平均负荷。典型日最大（最小）负荷为每日 24 个整点负荷中的最大（最小）值。典型日平均负荷为每日 24 个整点负荷的平均值。典型日负荷曲线中小于日最小负荷的部分称为基荷，大于日平均负荷的部分称为峰荷，基荷和峰荷之间的部分称为腰荷。

(3) 影响日负荷曲线的因素。影响日负荷曲线的因素很多，其中，负荷结构对日负荷曲线的影响最大；另外，电力需求侧管理措施对其也有一定影响。影响各行业日负荷曲线的因素各不相同：农业主要受季节、雨水、排灌设备容量比重等因素影响；工业主要受经营状况、生产班制、生产工艺、大型设备运行方式、季节等因素影响；商业主要受季节变化、气温变化、节假日、空调拥有率等因素影响；宾馆饭店主要受旅游季节分布、空调拥有率等因素影响；居民生活主要受季节变化、气温变化、收入水平、空调、电炊拥有率等因素影响。

（4）反映日负荷曲线特性的指标。反映日负荷曲线特性的指标主要有日负荷率、日最小负荷率、日峰谷差和日峰谷差率。日负荷率为日平均负荷与日最大负荷之比的百分数；日最小负荷率为日最小负荷与日最大负荷之比的百分数；日峰谷差为日最大负荷与日最小负荷之差；日峰谷差率为日峰谷差与日最大负荷之比的百分数。连续性用电的行业，如冶金工业（电解铝、铁合金等）、石油工业、化学工业等，一日内负荷变化较小，日负荷率较高，一般可达 90％左右，日最小负荷率与日负荷率较为接近。第三产业和居民生活用电由于受作息时间的影响，日负荷率和日最小负荷率均较小。农业用电由于受季节影响，一年内变化较大，排灌季节日负荷率较高，而非排灌季节日负荷率很低。我国 1996 年以前由于存在大量拉闸限电现象，日负荷曲线较为平坦，日负荷率较高。随着电力供需矛盾的缓解以及第三产业、居民生活用电比重的不断增加，日负荷率呈现下降趋势。加强电力需求侧管理，可以扭转这种下降趋势，甚至可以提高日负荷率。

2. 年负荷曲线

在电力系统的设计、规划中除了需要使用日负荷曲线外，还需要编制年最大负荷曲线和年持续负荷曲线。

（1）年最大负荷曲线。年最大负荷曲线表示从年初到年末逐日（或旬或月）的电力系统综合最大负荷的变化情况。年最大负荷曲线可用它来安排全年的机组检修计划。

（2）年持续负荷曲线。年持续负荷曲线是以电力系统全年负荷的大小及其持续运行小时数的顺序排列作出的曲线。年持续负荷曲线可以用它来编制电力系统的发电计划并进行可靠性计算，根据年持续负荷曲线也可以计算出全年负荷消耗的电量。

第二节　电力负荷管理措施

电力负荷管理措施很多，主要有经济措施、技术措施和行政措施。

一、经济措施

经济措施主要是指通过电价杠杆来调整不同时段的供求关系。目前，主要采用的电价策略有以下几种：

（一）分时电价

分时电价是指一天中 24h 按不同时段采取不同的电价。一般对居民用户采用峰谷电价，对企业用户采用峰平谷电价。

因为电能表的时段改动工作量较大，所以时段的划分要慎重，一旦确定，不宜经常变动。但电力负荷管理系统比较完善的地区，可以从主站端修正用户的电度表的峰谷时段，以便使时段的划分可以按季节的变化进行必要的调整，但实施前需要告之用户，这种调整一般针对工业用户。对居民用户一旦确定了峰谷时段，可以长时间不变。

（二）尖峰电价

尖峰电价是指在高峰时段出现尖峰峰荷时采用的较高电价。根据日负荷曲线分析可知，尖峰电价可以设在晚高峰也可以设在午高峰的某个时段，一般为 1h。

尖峰电价可以使日负荷曲线的高峰段波峰钝化。一般尖峰电价与可中断电价配套实施，即采用尖峰电价的多收入部分补贴可中断电价的少收入的部分。尖峰电价的上浮幅度与时段应因地制宜，不宜一刀切。

（三）可中断电价

可中断电价也称可中断负荷电价，是指在电网高峰时段可中断或削减较大工商业用户的负荷，电网企业按合同规定对用户在该时段内的用电按较低的电价收费。

可中断电价一般在负荷供求基本平衡略有欠缺时实施，作为削减尖峰负荷的一种经济措施在我国尚未推行，但 2003、2004 年缺电年份，部分省市因缺电实施了可中断补贴，即根据可中断负荷的时间及客户损失的电量给予一定的额外补贴，这种做法起到了积极的作用。

可中断负荷电价特别适合对供电要求不高的柔性负荷，例如，可以利用储存能量进行削峰的客户，有燃气和电力相互替代能力的客户等。

（四）季节性电价

季节性电价一般指在用电高峰季节，如夏、冬两季，实施与非用电高峰季节不同的电价，高峰季节电价高，非高峰季节电价低，从而引导用户在低价时用电，在高峰高价时节电。例如，上海市早在 2004 年就针对非居民用户采取了季节性电价的办法，在当年的电价调整中，上海市将 7、8、9 三个月的非民用电价每千瓦时提高了 2.6 分，而其他季节只提高了 1.9 分，拉开了季节间的电价差距，这一做法为缓解季节性、时段性供电矛盾发挥了重要作用。

（五）丰枯电价

丰枯电价也称丰枯季节电价，是按全年发电来水和用电需求情况分为平水期、丰水期、枯水期三个季节，平水期按规定价格执行，丰水期电价下降，枯水期电价提高，供电企业按照不同季节收取电费。丰枯电价是改善电力系统季节性负荷不均衡性所采取的一种鼓励性电价，有利于充分利用水力资源和选择价格相对便宜的发电燃料，降低电网的供电成本，特别在水力资源丰富的地区实行丰枯电价会吸引更多的耗电大用户。

（六）两部制电价

两部制电价策略是指将电价分为基本电价和电度电价两部分，其中，基本电价与容量有关，代表容量成本；电度电价与电量有关，代表电量成本。分别对用户按电度电价和基本电价收取电费。两部制电价主要用于大工业电价（320kVA 以上），而且有利于电力企业降低电能损耗，提高负荷利用率，并且有利于合理负担电能使用费用，保证电力企业的合理收入。

二、技术措施

技术措施是指在经济激励和政府的组织推动下，采取技术手段对电力负荷进行管理的措施。技术措施主要有以下几个方面：

（一）电蓄能技术

电蓄能技术以电蓄冷、蓄热技术为主，在本书第四章将进行详细的论述。其中蓄冷主要是指在电力负荷低谷时段，采用电动制冷机组制冷，以冰或低温水的形式将冷量储存起来，在用电高峰时段将其释放，以满足建筑物的空调或生产工艺需冷量，从而实现电网移峰填谷的目的。电蓄热技术主要是指在电网低谷时段运行电热锅炉对水进行加热，并将热水储存于蓄热罐中，在白天电网高峰时段由蓄热罐释放热量满足建筑物采暖或生活热水需要。以这种方式代替燃煤锅炉，有利于电网移峰填谷。

（二）电力负荷管理系统

电力负荷管理系统是采集客户端实时用电信息的基础平台，是运用通信技术、计算机技术、自动控制技术对电力负荷进行监控、管理的综合系统。在本章的第四节将进行详细的论述。

（三）能源替代

在技术经济合理的前提下，使用燃气动力制机、热力燃气空调、太阳能的利用等，可以有效替代电力，平衡电力负荷曲线。

三、行政措施

行政措施是指政府和有关职能部门，在国家法律、法规框架内，以行政力量推动负荷调整和优化电力用户用电的一种电力负荷管理措施。主要包括以下几个方面：

（一）调整上班时间

主要针对一班制（或二班制）的用户，将其上班时间从早上 7～9 点按每 15min 的间隔错开上班时间，这种方式不仅使用户的负荷高峰错开，而且能缓解城市交通高峰的拥堵。

（二）调整作业顺序

调整作业顺序是一些国家长期采用的一种移峰填谷的方法，就是在工业企业中将一班制改为二班制或三班制。调整作业顺序虽然起到了移峰填谷的作用，但是在很大程度上干扰了电力用户的正常生产秩序和职工的正常生活秩序，增加了企业的额外负担。随着市场经济的发展，不顾及用户的接受能力，强行推行多班制的做法将逐渐消失。

（三）调整轮休制度

调整轮休制度也是一些国家长期采用的一种移峰填谷的做法。主要通过实行轮休制度来实现移峰填谷。但是由于它改变了人们规范的休息时间，影响了人们的正常交际往来，对企业也没有增加额外效益，一般不被电力用户接受。

（四）集中空调轮停制度

城市中宾馆、商场、写字楼等集中空调的用电量大，可以实行在用电高峰期每小时规定轮停 15min，这种方式对用户的影响不大，但可以有效降低高峰时段的电力负荷，使负荷曲线优化。

第三节　电力负荷管理系统

电力负荷管理系统是采集客户端实时用电信息的基础平台，是运用通信技术、计算机技术、自动控制技术对电力负荷监控、管理的综合系统。

一、组成

以大客户电力负荷管理系统为例，其系统组成（大客户电力负荷管理系统的组成及功能探讨）主要由主站计算机设备、大客户端现场终端、现场多功能电能表和连接主站与现场终端的通信网络四部分构成。

二、系统功能

（一）主站计算机设备

1. 基本设备要求

基本设备包括计算机系统（前置机、工作站、服务器、磁盘阵列等）、专用通信设备、网络设备以及电源等相关设备。为了保证系统运行的实时性、可靠性、稳定性、安全性、可维护性和可扩展性等要求，主站设备采用标准设备，配置满足系统功能规范和性能指标的要求。

2. 计算机系统

计算机系统为分布式结构，由若干台服务器和工作站及配套设备构成，不同的应用可分布于不同的计算机节点上，关键应用的计算机节点有冗余配置。前置机（通信工作站）负责系统信道驱动，提供通信信道设备的接入。操作工作站提供计算机人机交互界面，实现系统监控工作及数据召测、查询等结果显示，并负责系统日常运行维护。服务器存储负荷管理系统原始数据、分析数据和系统运行数据等，提供数据服务、Web 发布服务、应用服务等。

3. 网络设备

计算机系统通过局域网互联，与外部系统的接口具有网络安全措施。

4. 主站软件

主站采用技术成熟的操作系统和数据库管理系统，具有开放性、可维护性。操作系统支持多线程、多进程工作方式，具备高并发处理能力。数据库管理系统采用大型分布式数据库，对外提供标准的数据库调用接口，具有较高的容错能力和恢复能力。应用程序采用分层结构，具有友好的操作界面。应用软件系统选用结构化设计和面向对象的设计。

（二）大客户端现场终端

1. 硬件配置

现场终端采用 POWERPC 等主流 32 位工业用处理器，软件平台采用嵌入式操作系统；具有 6 路并行模拟量输入，可同时采集三相电压、三相电流；具有可方便配置的至少 2M 以上的存储空间，用于存储历史数据；至少具有 1 路 RS485 通信口，用于现场与电能表通信，至少 1 路红外或 RS232 通信口，用于现场维护，主通道采用主流厂家的 GPRS/CDMA 通信模块，在 GPRS/CDMA 信号不好的情况下，自动转换到 SMS 信道；具有 2 路或 4 路控制输出，用于自动跳闸。同时要配备相应数量的遥信输入，以观察遥控的执行情况；内置时钟，日时钟误差不超过 3s；点阵液晶显示。

2. 软件功能

（1）抄表功能。定时抄读电能表的正/反向有功电量、四象限无功电量、电压、电流、有功功率及无功功率等；通过中继命令即时召测其他数据。

（2）数据存储。

1）事件记录的存储。保存最近发生的一定数量的事件记录；按照设置实现事件主动上送。

2）历史数据的保存。按照设置分类、分时保存电能表的历史数据，支持定时主动上报与被动召测两种模式。

（3）用电监察与服务功能。

1）防窃电报警。包括电能表示度下降、电压缺相、电压回路逆相序、电流反极性、TA 故障等。

2）供电质量报警。包括电压断相、负荷不平衡、电流过负荷、无功过/欠补偿、停/上电等。

3）电能表运行状态报警。包括电能表参数更改、电能表停走、电能表飞走、电能表电池电压低、电能表通信故障、电量差动等。

4）服务报警。包括功率超限、剩余电量不足等。

5）控制报警。包括控制的投入与解除。

（4）控制功能。实施遥控，即接收主站或前置机的遥控命令，实现远方的拉闸与允许合闸；实施功率控制，即当负荷连续超过定值时，终端发送负荷超定值告警信息至主站，同时启动当地告警，超过报警时间，负荷还未下降到定值以下，终端启动第一轮自动跳闸。如跳闸后测量值小于定值，经过设定时间后，给出允许合闸信号；若第一轮动作后负荷仍超定值，会再次告警，进行第二轮控制，过程同第一轮。在超限告警时间段内，若负荷降至定值以下，且持续时间达到规定值，则取消跳闸操作。避峰时间结束自动给出允许合闸信号。

（三）现场多功能电能表

可采用多功能电能表，也可采用普通电能表。一般现场都已经有电能表在运行。

（四）通信网络

通信网络一般采用 GPRS/CDMA 无线通信网络。在通信资费与通信速度方面，CDMA 要优于 GPRS，但 CDMA 的覆盖域要少于 GPRS，因而具体网络的选用要根据实际情况确定。

小　结

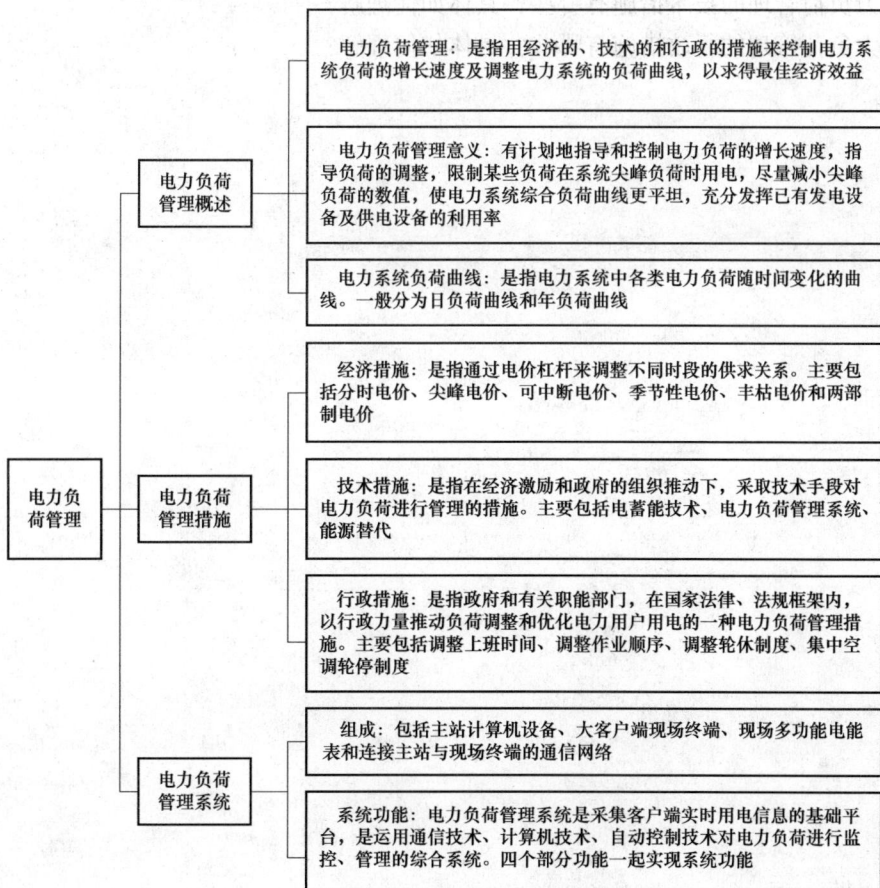

📖 基 本 概 念

1. 电力负荷管理
2. 电力负荷曲线
3. 分时电价
4. 尖峰电价
5. 可中断电价
6. 季节性电价
7. 丰枯电价
8. 两部制电价

思 考 题

1. 如何理解电力负荷管理的意义？
2. 常用的电力负荷曲线有哪些？
3. 电力负荷管理的经济措施有哪些？具体如何理解？
4. 电力负荷管理的技术措施有哪些？具体如何理解？
5. 电力负荷管理的行政措施有哪些？具体如何理解？

第四章　电蓄冷蓄热节能

(1) 掌握电蓄冷的含义与分类。

(2) 掌握电蓄冷空调的原理和模式。

(3) 掌握水蓄冷、冰蓄冷和共晶盐蓄冷空调的含义。

(4) 掌握电蓄冷空调的节能效益。

(5) 掌握电蓄热的含义与分类。

(6) 了解电蓄热系统的原理、模式和组成。

采用有效的电力需求侧管理机制，鼓励电力用户积极采用区域供冷和蓄能技术，对缓解我国高峰电力压力，减缓电力系统建设投资，提高能源使用效率和保护环境都具有巨大的社会和经济意义。本章主要介绍电蓄冷与电蓄冷空调、电蓄热与电蓄热系统。

第一节　电蓄冷与电蓄冷空调

一、电蓄冷含义与分类

电蓄冷主要是指在电力负荷低谷时段，采用电动制冷机组制冷，以冰或低温水的形式将冷量储存起来，在用电高峰时段将其释放，以满足建筑物的空调或生产工艺需冷量，从而实现电网移峰填谷的目的。

电蓄冷依据蓄冷介质不同可以分为水蓄冷、冰蓄冷和共晶盐蓄冷三种。

（一）水蓄冷

水蓄冷是利用峰谷电价差，在低谷电价时段将冷量存储在水中，在白天用电高峰时段使用储存的低温冷冻水提供空调用冷。当空调使用时间与非空调使用时间和电网高峰和低谷同步时，就可以将电网高峰时间的空调用电量转移至电网低谷时使用，达到节约电费的目的。

1. 水蓄冷的优点

(1) 能使用常规冷水机组，制冷效率高；

(2) 初投资低，可结合地下消防水池等作蓄冷器；

(3) 可用作蓄冷和蓄热双用途；

(4) 技术要求低，操作维修方便，适用于常规空调系统的扩容和改造；

(5) 自控简单；

(6) 压缩机型式可任选。

2. 水蓄冷的缺点

(1) 蓄冷密度低，蓄水池占地面积大，容积大，冷损大（10%～15%）；

(2) 开启式水池，易受污染，管道易腐蚀；

（3）不易用于闭式水系统，输水能耗大。

（二）冰蓄冷

冰蓄冷是利用夜间低谷负荷电力制冰储存在蓄冰装置中，白天融冰将所储存冷量释放出来，减少电网高峰时段空调用电负荷及空调系统装机容量，它代表着当今世界中央空调的发展方向。

1. 冰蓄冷的优点

（1）蓄冷槽容积小，冷损小（2%～3%）；

（2）水温低，可采用低温送风，节约水管和风管材料，降低噪声；

（3）水温低，除湿能力强，提高空调的舒适性；

（4）易实现闭式系统，水泵耗能小，不易污染；

（5）易实现产品定型化工厂生产。

2. 冰蓄冷的缺点

（1）冰蓄冷系统运行效率降低；

（2）增加了蓄冷设备费用及其占用的空间；

（3）增加水管和风管的保温费用；

（4）冰蓄冷空调系统的制冷主机性能系数（COP）要下降。

（三）共晶盐蓄冷

共晶盐发生固液相变时要吸收大量的潜热或释放大量的冷量，共晶盐蓄冷就是利用夜间低谷负荷将冷量通过共晶盐储存起来，白天电网高峰时段再将冷量释放出来，减少电网高峰时段空调用电负荷及空调系统装机容量。

1. 共晶盐蓄冷的优点

（1）主机效率高，接近常规冷水机组的效率；

（2）易用于现有的空调系统，尤适用于常规空调改造和扩容；

（3）管线无冻结问题；

（4）蓄冷能力在水与冰之间；

（5）压缩机形式可任选；

（6）运行和储冷可同时进行。

2. 共晶盐蓄冷的缺点

（1）蓄冷材料价格高，寿命短；

（2）系统复杂，控制要求高；

（3）相变温度为 8.3℃，冷冻水须进一步降温后才能使用。

二、电蓄冷空调

（一）电蓄冷空调基本原理

在夜间电力负荷低谷采用电驱动蒸气压缩式制冷机组制冷，利用水的潜热（水的显热）以冰（水）的形式将冷量储存起来，在用电高峰期将其释放，以满足建筑物的空调或生产工艺需冷量的全部或者其中的一部分，从而达到转移高峰电力负荷的目的，在空调领域被称为冰（水）蓄冷空调。

（二）电蓄冷模式

电蓄冷系统有两种模式，即全量蓄冷模式与分量蓄冷模式。全量蓄冷模式是将制冷机组在低谷时段的制冷量蓄存起来供电网高峰时段使用，在电网高峰时段制冷机组停止运行。可见，全量蓄冷将电网高峰期空调所需要的负荷全部转移到电网低谷时段。分量蓄冷模式是指在电力高峰时段，制冷机组仍然运行，不足部分由低谷时段的蓄冷量来满足，即只将部分负荷转移到了低谷时段。

（三）电蓄冷空调分类

电蓄冷空调的种类较多，蓄冷方法各异，蓄冷介质和蓄冷设备也不相同。

蓄冷系统可按蓄冷方法分类，有显热蓄冷和潜热蓄冷两大类，蓄冷空调中的水蓄冷空调是显热蓄冷，冰蓄冷空调和共晶盐蓄冷空调是相变潜热蓄冷。

按蓄冷介质分类，蓄冷空调可以分为水蓄冷空调、冰蓄冷空调和共晶盐蓄冷空调三类。

1. 水蓄冷空调

水蓄冷空调是利用电网的峰谷电价差，夜间采用冷水机组在水池内蓄冷，白天水池放冷而主机避峰运行的节能空调方式。

（1）水蓄冷空调具有如下优点：

1）易于改造。传统中央空调的制冷机、风机、水泵、空调箱、管路等主要部件不必更换，可直接使用。

2）经济效益明显。水蓄冷空调以水作为蓄冷介质，获取方便，价格低廉，经济效益明显。

3）制冷效率高。水蓄冷空调不需降低制冷机的蒸发温度，制冷深度不变，可保持较高的制冷效率。

4）蓄冷设备简单。蓄冷设备比较简单，容易将传统中央空调系统改造为水蓄冷空间系统，投资少，工期短，见效快。

（2）水蓄冷空调具有如下缺点：

1）蓄冷介质的蓄冷密度低，蓄冷设备占地大。在水和冰两种蓄冷介质同样体积下，冰蓄冷能力约为水蓄冷能力的 15 倍。因此，在提供相同蓄冷量条件下，水蓄冷设备占地要比冰蓄冷占地大得多，因而受场地条件约束大。

2）蓄冷效率低。水蓄冷的蓄水池一般是开启式水池，占地面积大、容积大、冷损大，蓄冷效率低。

2. 冰蓄冷空调

冰蓄冷空调是利用夜间低谷负荷进行电力制冰储存在蓄冰装置中，白天融冰将所储存冷量释放出来，减少电网高峰时段空调用电负荷及空调系统装机容量，它代表着当今世界中央空调的发展方向。

（1）冰蓄冷空调有如下优点：

1）利用低谷段电力，平衡峰谷用电负荷，缓解电力供应紧张；

2）冰水主机的容量减少，节省增容费用；

3）总用电设施容量减少，可减少基本电费支出；

4）利用低谷段电价的优惠可减少运行电费；

5）冰水温可低至 1～4℃，减少空调设备风管的费用；

6）冷却水泵、冷冻水泵、冷却塔容量减少；

7）电力高压侧及低压侧设备容量减少；

8）室内相对湿度低，冷却速度快，舒适性好；

9）制冷设备经常在设计工作点上平衡运行，效率高，机器损耗小；

10）充分利用 24h 有效时间，减少了能量的间歇耗损；

11）充分利用夜间气温变化，提高机组产冷量；

12）投资费用与常规空调相当，经济效益佳。

（2）冰蓄冷空调有如下缺点：

1）增加蓄冷池、水泵的输送能耗；

2）增加蓄冷池等设备的冷量损失等。

由于冰蓄冷空调技术的上述优点，其发展成为不可逆转的趋势。在发达国家，60％以上的建筑物都已使用冰蓄冷技术。美国芝加哥一个城市区域供冷系统，600 多万平方米的建筑共有 4 个冷站，城市集中供冷。其中，芝加哥城市供冷三号冷站蓄冰量是 12.5 万 t 时，电力负荷为 438MW，每日制冰 4700t。从美国、日本、韩国等国家应用的情况看，冰蓄冷技术在空调负荷集中、峰谷差大、建筑物相对聚集的地区或区域都可推广使用。目前，我国每年新建建筑面积约 20 亿 m²，其中，城市新增住宅建筑和公共建筑 8 亿～9 亿 m²，为冰蓄冷技术的推广应用提供了巨大市场。我国每年公共建筑新增面积约 3 亿 m²，如 30％的新建公共建筑采用冰蓄冷空调系统，全国每年可节电 15 亿 kWh。

3. 共晶盐蓄冷空调

共晶盐蓄冷空调的原理类似冰蓄冷，利用材料相变蓄存冷量，但一般都在高温下相变，故冷机及系统类似于水蓄冷。共晶盐是以无机盐，即硫酸钠的水化合物为主要成分，与水和添加剂调配而成的混合物，也称优态盐。将其充注在高密度聚乙烯板式容器内，其相变温度应在空调适应的范围之内，通常以 2～7℃为宜，冷机可采用普通冷水机组，运行效率高，但这种方式造价较高，且单位体积蓄冷量低，蓄冷槽体积大，是冰槽的 2～3 倍，质量也大，是冰槽的 3～4 倍。且该材料变相次数有限，一般为 2000～4000 次，超过之后便失效。

优态盐以其理论上可以在任何温度下进行相态变化的特点，非常适合蓄冷式中央空调系统应用。但实际上常面临某些技术问题，再加上有可靠性、稳定性、经济性、耐久性等要求，适合空调应用的优态盐配方及设备并不多见。尽管如此，随着技术的进步，高温相变材料的蓄冷式中央空调系统也是值得重视的。

（四）电蓄冷空调的节能效益

电蓄冷空调就是在不需要冷量或冷量少的时间（如夜间），利用制冷设备在蓄冷介质中的能量转移，进行蓄冷，并将此冷量用在空调或工艺用冷高峰期。电蓄冷空调的实质是将制冷机组用电高峰时的运行时间转移到用电低谷期运行，从而达到削峰填谷的目的，并利用峰谷电价差实现其较高的经济性。在能源消费逐渐增加的情况下，应用蓄冷空调技术具有较大的社会效益和经济效益，主要表现在如下几个方面：

（1）削峰填谷、平衡电力负荷。

（2）改善发电机组效率、减少环境污染。

（3）减小机组装机容量、节省空调用户的电力花费。

（4）改善制冷机组的运行效率。空调的制冷机组运行时，其效益随着负荷的变化而变化，因此，具有蓄冷的空调系统，可根据空调负荷的大小使机组处在最佳的效益下运行。

（5）蓄冷空调系统特别适用于负荷比较集中、变化比较大的场所。

（6）应用蓄冷空调技术，可扩大空调区域使用面积。即蓄冷空调系统适合于改扩建空调工程。

（7）适合于应急设备所处的环境，使用应急蓄冷系统可大大减少对应急能源的依赖，提高系统的可靠性。

可见，蓄冷空调技术在未来具有广阔的发展前景，蓄冷空调要向低成本、高效率、全自动化方向发展。

第二节　电蓄热与电蓄热系统

一、电蓄热的含义与分类

电蓄热是指在电网低谷时段运行电加热设备，对存放在蓄热罐中的蓄热介质进行加热，将电能转换成热能储存起来，在用电高峰期将其释放，以满足建筑物采暖或生活热水需热量，从而实现电网移峰填谷的目的。

按蓄热材料来分，电蓄热可以分为显热蓄热、相变蓄热和热化学蓄热三类。

（一）显热蓄热

显热蓄热是利用物质本身温度的变化过程来进行热量的储存。由于可采用直接接触式换热，或者流体本身就是蓄热介质，因而蓄、放热过程相对比较简单，是早期应用较多的蓄热材料。在所有的蓄热材料中显热蓄热技术最为简单，也比较成熟。

显热蓄热材料大部分可从自然界直接获得，价廉易得。显热蓄热材料分为液体和固体两种类型。液体材料常见的如水，固体材料常见的如岩石、鹅卵石、土壤等。

由于显热蓄热材料是依靠蓄热材料的温度变化来进行热量储存的，放热过程不能恒温，蓄热密度小，造成蓄热设备的体积庞大，蓄热效率不高，而且与周围环境存在温差会造成热量损失，热量不能长期储存，不适合长时间、大容量蓄热，限制了显热蓄热材料的进一步发展。

（二）相变蓄热

相变蓄热是利用物质在相变（如凝固/熔化、凝结/汽化、固化/升华等）过程发生的相变热来进行热量的储存和利用。与显热蓄热材料相比，相变蓄热材料蓄热密度高，能够通过相变在恒温下放出大量热量。

根据相变温度，相变热蓄热可分为低温和高温两种。低温相变蓄热主要用于废热回收、太阳能储存以及供热和空调系统；高温相变蓄热材料主要有高温熔化盐类、混合盐类、金属及合金等，主要用于航空航天等。

相变蓄热方式具有蓄热密度较高（一般都可以达到200kJ/kg以上），蓄、放热过程近似等温，过程容易控制等优点，因此，相变蓄热材料是当今蓄热材料研究和应用的主流。

（三）热化学蓄热

热化学蓄热是利用金属氢化物和氨化物的可逆化学反应进行蓄热。在有催化剂、温度高和远离平衡态时热反应速度快。国外已利用此反应进行太阳能蓄热发电的实验研究，但需重点考虑储存容器和系统的严密性，以及生成气体对材料的腐蚀等问题。

热化学蓄热具有蓄热密度高和清洁、无污染等优点，但反应过程复杂、技术难度高，而且对设备安全性要求高，一次性投资大，与实际工程应用尚有较大距离。

二、电蓄热系统

(一) 电蓄热原理

电蓄热主要是指在电网低谷时段运行电热锅炉对水进行加热,并将热水储存于蓄热罐中,在白天电网高峰时段由蓄热罐释放热量满足建筑物采暖或生活热水需要。电蓄热的目的是配合电价政策,减低用户运行费用。并且以这种方式代替燃煤锅炉,既有利于城市环保,也有利于电网移峰填谷。

(二) 电蓄热模式

电蓄热模式通常分全量蓄热模式和分量蓄热模式两种。

1. 全量蓄热模式

所谓全量蓄热就是在非供热时间或电力低谷期间,利用电锅炉制热、蓄存足够的热量,供应采暖时全部用热需求,因此在用电高峰期电锅炉停止使用,热负荷完全由蓄热系统提供。采用该系统可最大限度地降低运行费用,节能效果非常显著,但电锅炉的容量和初期投资会有所增加。

2. 分量蓄热模式

分量蓄热是利用非供热时间或低谷电蓄热,供热时则通过电锅炉和蓄热系统共同分担负荷。分量蓄热模式由于电锅炉的运行时间延长使得供热主机容量降低,同时因利用低谷电蓄热,可降低运行费用,具有投资费用低、经济效益好的优点。一般舒适性建筑空调采暖均可采用此方案,特别是全天均开空调且负荷变化较大的建筑物空调采暖采用这种模式更佳,如宾馆、医院、某些工厂的生产供热及采暖等。

(三) 电蓄热应用及主要优点

电蓄热适用于对环境条件要求高的大中型城市的宾馆、商场、办公楼、科研院所、医院、学校、机关、风景区、娱乐等一切需要热源的场所,可以满足空调、采暖、生活热水、蒸汽等系统。有以下明显优点:

(1) 合理分配用电负荷,可充分利用低谷廉价电力,运行费低廉。

(2) 电热锅炉容量减少,可减少系统的电力增容费(甚至可以免去电力增容费)。

(3) 具有应急热源,采暖(或空调)的可靠性增强。

(4) 利用动态数字控制和屏幕控制,具有多重自动保护,可以做到无人值班全自动运行。

(5) 能实现连续低温供热采暖,可降低能耗,节约能源。

(6) 无污染(废气、废液、废渣),干净、卫生,无噪声。

(7) 锅炉房占地少、布置灵活、投资少、安装使用方便。

(8) 无明火,消防要求低。

(四) 电蓄热系统组成

电蓄热系统组成的主要设备有电锅炉、蓄热装置、蓄热水泵和自动控制系统。

1. 电锅炉

电锅炉是一种将电能转化为热能的装置,其核心是电热元件。金属管状电热元件简称电热管,是目前所有电热元件中应用广泛、结构简单、性能可靠、使用寿命长的一种密封式电热元件。电热管是纯电阻性发热元件,利用电加热并能达到较高温度的热媒。热媒的吸热量等于电热管的发热量。

（1）电锅炉的组成。电锅炉主要由电热管、炉体和电气控制系统组成。电热管是电锅炉的核心元件，热流密度大、结构紧凑的电热管不仅可延长锅炉使用寿命还可减少锅炉体积；炉体内胆采用合金防锈处理工艺，提供高品质热水或蒸汽；电气控制系统可采用动态数字控制，也有厂家开发了新型触摸屏操作面板。

（2）电锅炉的分类。按电锅炉的结构形式分为立式锅炉和卧式锅炉，按锅炉在供热或空调系统中使用方式分为即热式锅炉和循环式锅炉，按锅炉提供的介质分为电热水锅炉、电热蒸汽锅炉和电导热油锅炉等，按锅炉的炉体承压大小分为承压电锅炉、无压电锅炉。

2. 蓄热装置

蓄热装置有以下几种：

（1）迷宫式蓄热装置。迷宫式蓄热装置是用隔水材料人为地将槽体分隔成若干个互相连通的小空间，在蓄热过程中，热水被泵入槽入口处，水流沿安排好的复杂曲折的路径单向流动，避免冷热水混合，水流如走迷宫，因而得名。迷宫式设计对于热水在不同密度、流速、循环及水与槽壁发生作用时都会产生混合现象。若流速过高，蓄热槽内会产生旋涡；若流速过低，则会使进出端发生短路，不能充分利用空间，槽体结构复杂、成本高。

（2）隔膜式蓄热装置。隔膜式蓄热装置是利用一片隔膜，一般由橡胶等材料制成，将蓄热槽中的温回水与蓄存的热水在水平或垂直方向隔离。由于垂直隔膜易发生破裂或附着于吸入口而穿孔，可靠性降低，故使用逐渐减少，取而代之的是水平隔膜。

（3）多槽式蓄热装置。多槽式蓄热装置是将多个水箱串联起来，最简单的路径是让热水从某一个槽的顶部流入，再从底部流至另一个槽，从其底部流入，以避免水流"短路"，当串联的水箱多达 20h 时，其蓄热效率超过 90%。该方法虽然可以达到较高的蓄热效率，但管道复杂、阀门较多，必须依赖于电脑控制，而且这些槽、阀门、管道都提高了系统的制造成本。

（4）温度分层式蓄热装置。温度分层式蓄热装置是根据水在不同的温度下具有不同的密度、会产生不同浮力的原理，使冷热水自行分离的系统。如果使机械性扰动减至最小，适当控制温差，将热水从槽顶抽出使用后再送回蓄热槽底部，由于水的温度不同造成密度不同，将形成一个垂直的温度梯度。温度分层式系统的优点是可以降低蓄热槽的设备投资，且操作简单，维护方便。

3. 蓄热水泵

蓄热水泵是蓄热系统机械循环的动力装置，实际使用较多的为单吸单级离心泵。由于系统流程的不同，蓄热水泵的台数也不一致，提高蓄热水泵的使用功能，减少蓄热水泵的种类，是每个设计人员必须考虑的问题。为了避免或减少末端系统热水对蓄热系统的水力、水质、热力等因素的影响，一般采用换热器将两侧系统热水隔开，并利用换热器交换热量。板式换热器是一种传热系数很高、结构紧凑、适应性大、拆洗方便、节省材料的换热器，因此，板式换热器在蓄热系统中应用最为广泛。为了减少水质对系统设备使用寿命的影响，一般还要用软化水处理装置对系统水进行处理。

4. 自动控制系统

蓄热自动控制系统通过对电锅炉、蓄热装置、蓄热水泵、管路调节阀进行控制，调整蓄热与放热的运行工况，在最经济的情况下给用水侧提供稳定的供水温度和供水压力。要求有保护、自控系统，以实现全自动、安全、可靠、经济运行。

　　自动控制设备与器件包括传感检测元件、电动阀、系统控制桓等。控制核心选用工业级的可编程序控制器（PLC）与触摸图屏，确保实现蓄热系统的参数化与无人值守，实现系统的智能化运行。控制系统按编排的时间顺序，结合负荷预测软件，控制电锅炉及外围设备的启停数量及监视各设备的工作状况与运行参数。

（五）电蓄热系统的节能效益

　　电蓄热系统具有显著的经济效益。电锅炉、蓄热装置等的投运台数可根据当地电价结构灵活选择，以适应供热需要并达到节约运行费用的目的，自动化程度高，安装简便，维修工作量少，管理费用低，利用低谷廉价电力，运行成本低。

　　电蓄热系统也具有良好的环境效益。电蓄热系统可将电网高峰时段的空调用电量转移到电网低谷时段使用，不但能平衡电网负荷，达到电网削峰填谷，减缓电厂和输变电设施建设的目的，还能减少常规燃煤发电带来的环境污染。使用时无污染、零排放、低噪声，利用电力清洁能源，减少环境污染，符合环保政策。

小　　结

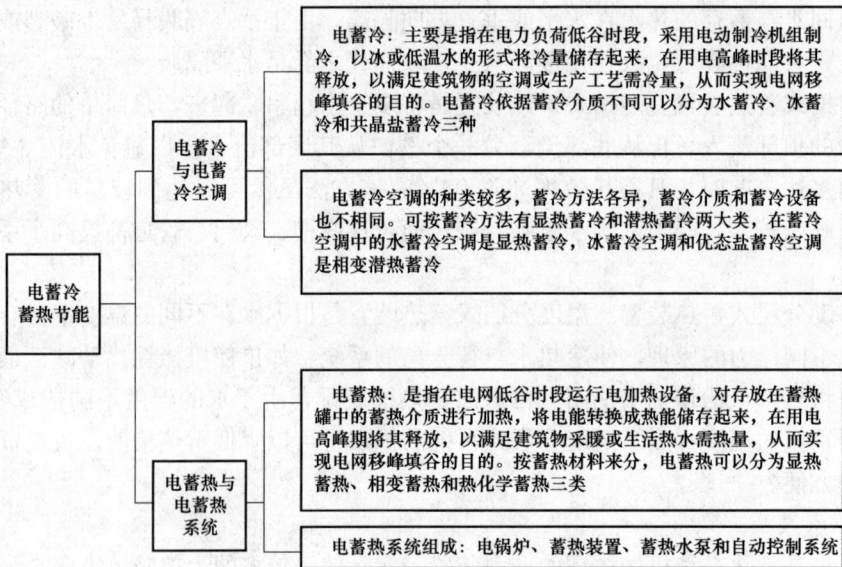

基 本 概 念

1. 电蓄冷
2. 水蓄冷
3. 冰蓄冷
4. 共晶盐蓄冷
5. 电蓄热
6. 显热蓄热

7. 相变蓄热

8. 热化学蓄热

思 考 题

1. 什么是电蓄冷？电蓄冷是如何分类的？
2. 电蓄冷空调有哪几种？分别进行解释。
3. 什么是电蓄热？电蓄热是如何分类的？
4. 电蓄热系统由哪些设备组成？

第五章　分　时　电　价

(1) 掌握分时电价的含义。

(2) 了解分时电价的意义。

(3) 了解国外分时电价实施的现状。

(4) 了解国内分时电价实施的现状及存在的问题。

(5) 了解分时电价实施的效果。

【内容提要】

随着现代工业的快速发展，电力日负荷曲线中的峰谷差距越来越大。为了提高电网负荷利用率，保证电能质量，提高供电可靠性，分时电价作为一种电力需求侧管理措施和手段便应运而生。本章主要介绍分时电价概述、分时电价实施现状以及分时电价实施效果。

第一节　分　时　电　价　概　述

一、分时电价的含义

分时电价是指一天中 24h 按不同时段采取不同的电价。一般对居民用户采用峰谷电价，对企业用户采用峰平谷电价。

峰谷电价具体是把一天 24h 分为峰、谷两个时段，高峰时段用电电价上浮，低谷时段用电电价下浮，这样可以鼓励居民用户调整用电负荷，合理用电，起到削峰填谷的作用。

峰平谷电价是把一天 24h 分为峰、谷、平三个时段，以平时段电价为基础电价，高峰时段用电电价上浮，低谷时段用电电价下浮，而且高峰和低谷之间的价差非常大，这样可以鼓励企业用户调整用电负荷，合理用电，起到削峰填谷的作用。

二、分时电价的意义

随着现代工业的快速发展，电力日负荷曲线中的峰谷差越来越大。为了提高电网负荷利用率，保证电能质量，提高供电可靠性，分时电价作为一种电力需求侧管理措施和手段便应运而生。

从供电企业的角度看，分时电价可以有效地削峰填谷，使电力日负荷曲线趋于平缓，提高供电设备的利用效率，节约能源，同时降低运营成本，保证电能质量和经济性，提高供电可靠性。

从消费者的角度看，可以利用峰谷不同时段的电价合理安排生产劳动时间，减少电费开支，降低生产成本。

从社会效益的角度看，分时电价可以有效发挥价格在市场经济中配置资源的作用，推动节能减排，落实建设节约型社会的要求，促进电力资源的优化配置。

第二节 分时电价实施现状

一、国外分时电价实施现状

早在 20 世纪 70 年代，许多发达国家就开始采用分时电价来降低峰谷差。而对于高峰、低谷时段的划分则根据不同国家的国情而有所不同。

（一）法国实施分时电价情况

法国每年 7、8 月份设立若干个避峰日，避峰日电价比最低电价要高出 10 倍以上。它从 1957 年开始针对大用户提出"绿色电价"，将 1 年分为 8 个时段。冬季分为严冬高峰、严冬正常、严冬低谷、冬季正常、冬季低谷 5 个时段，夏季分为夏季正常、夏季低谷和盛夏 3 个时段，其中严冬高峰电价最高。1984 年开始对以低压供电的小型工业和第三产业用户执行 4 个时段的"黄色电价"。另外还有适用于居民和其他低压用户的"蓝色电价"，有简单电价、分时电价、避峰日电价几种供用户选择。得益于分时电价制度的成功实施，法国电力公司低谷时段的用电量明显增加，平均日负荷率从 1965 年的 80％提高到了 1990 年的 90％左右。

（二）美国实施分时电价情况

美国的分时电价执行的较为普遍。不同的电力公司针对不同的电力用户有不同的政策，有两段制也有三段制，供电力用户选择。实施和研究的结果都表明，峰谷价比率达到 8∶1 可以有效地把高峰负荷转移到低谷，夏季高峰期用电量可以下降 24％。

（三）日本实施分时电价情况

日本从 1988 年起针对高压用户出台分时分季电价。将季节分为夏季和其他季节，同时由于每个季节都存在用电的昼夜差，白昼和黑夜都分别采取不同的电价。

（四）其他国家实施分时电价情况

意大利从 1980 年起针对大工业用户实施分时电价，根据不同季节的需求分为 5 个供电期，在负荷分配上起到了显著的成效。英国是峰谷差价最大的国家之一，其电量电价夜间是白天的 1/3。此外，瑞典、俄罗斯等发达国家都陆续根据本国国情采用不同制度的分时电价来调节不同季节、不同时段的负荷变化，鼓励电力用户合理安排生产、生活用电，降低发电和用电成本，提高用电负荷率，促进电力产业的平稳优质发展。

二、国内分时电价实施现状

（一）国内分时电价实施的具体情况

分时电价制度即是运用价格手段来实现资源的有效配置，是实现节约用电、负荷管理和有序用电的战略性制度。我国始终把推进和落实该制度的实施作为重要的工作之一。仅在 2003 年就修订并发布了 12 个省份的峰谷分时电价办法。2005 又发布文件进一步完善了上海、江苏、北京、天津、河北、江西、湖南、河南、重庆等省（市）的分时电价办法，扩大销售侧分时电价执行范围，拉大峰谷价差。其中，对上海、北京、天津、河北、江西、重庆等地区在夏季或冬季用电尖峰时段实行了尖峰电价；在上海试行了避峰用电补偿办法；在江苏、湖南、河南等地区实行了发电侧与销售侧峰谷分时电价联动；并在湖南等水电丰富的地区试行了峰枯季节性电价。自 2011 年 1 月 1 日起，我国正式实施《电力需求侧管理办法》，其中，在管理措施方面提出具体要求："各级价格主管部门推动并完善峰谷电价制度，鼓励低谷蓄能，在具备条件的地区实行季节电价、高可靠性电价、可中断负荷电价等电价制度，支持实施电力需求侧管理"。而在 2014 年初再次提出全面推行居民用电峰谷电价,要求尚未出台居民用电峰谷电价的地区在 2015 年底前出台政策,由居民用户选择执行。目前,我国的安徽省、福建省、湖北省、江苏省、广东省、河北省、浙江省、山东省、上海市、北京市、天津市、江西省、湖南省、河南省、重庆市等超过三分之一的省(市)已经实行了分时电价,且取得了较为满意的成效。

1. 山东省实施分时电价情况

山东省于 1994 年起实行峰谷分时电价,是我国最早实行该制度的省份之一。2008 年,该省峰谷差日益拉大,高峰时段负荷日趋紧张,发电能力严重不足,全网已被迫实行两次限额用电。于是不得不做出实行分时电价 14 年以来的第一次政策调整(主要针对一般工商业和大型工业用户):一是将高峰时段调整为 8:30~11:30 和 18:00~23:00,低谷时段调整为 23:00~7:00,其余时段为平段;二是将峰谷电价由按基础电价上、下浮动 50%调整为上、下浮动 60%;三是增加了尖峰时段电价,价格为基础电价上浮 70%。此番调整根据山东省的实际用电需求对峰、谷、平三个时段进行重新划分,使分时电价更具有针对性,效果更为显著;将峰谷价差进一步扩大,调动电力用户调整生产时间,推动移峰填谷的积极性;增加的尖峰时段可以进一步激励企业避峰用电,突显分时电价制度的作用和效果,使用电日负荷曲线更为平缓。

2. 广东省实施分时电价情况

广东省在 2003 年根据自身情况对分时电价制度进行调整,发展了符合自身特点的分时电价。将原本的峰、谷、平各 8h 调整为高峰 6h、低谷 8h、平段 10h;并将全省各市分为两组,即把早峰和晚峰定为第一组高峰,把午峰和晚峰定为第二组高峰。该政策最大的特点即是高峰时段分组执行,这样做可以错开相连地区的峰段,解决午峰升高问题,既减轻了系统压力,又不会影响企业生产的安排。广东省这样的对策在全国也是首创。

3. 浙江省实施分时电价情况

浙江省从 2004 年起实施由分时电价和阶梯电价相结合的阶梯分时电价。阶梯电价是指将每户月用电量设置为若干个阶梯分段计算费用。第一阶梯为基础电量,此阶梯内电量较少,电价也较低;第二阶梯电量较多,电价也略高一些;第三阶梯电量更多,电价更高。随着户均消费电量的增长,每千瓦时电价逐级递增。所谓的阶梯分时电价,就是在分时电价的基础上,实行阶梯电价,将一天 24h 划分为峰、谷、平三个时段,对于每个时段的电价执行不同的阶梯电价。实行峰、谷分时电价,有利于鼓励用户合理转移用电负荷,削峰填谷,提高用电负荷率,提高系统设备容量的利用效率,同时也起到很好的节约能源、优化电力消费的成效。

4. 安徽省实施分时电价情况

安徽省从 2003 年起在发、售电环节同步实施分时电价。发电环节实施范围为除原电网直属机组外的 100MW 及以上火力发电机组;售电环节实施范围为用电容量 100MVA 及以上的工业用户、蓄热式电锅炉及蓄冷式空调用户。对居民用户采取两段制,对一般工商业和大工业客户采取三段制,高峰电价在平段电价的基础上上浮 53%,低谷电价在平段电价的基础上下浮 41%。不仅如此,每年 7、8、9 月为用电高峰季节,高峰电价在平段电价基础上上浮 70%。安徽省分时电价体现了两大特色。一是发、售电环节联动实施,既可以激励发电企业增加高峰电力供应,改善供需局面,又可以提高供电稳定性和安全性,减少设备损耗，提高设备利用率；二是将分时电价和季节电价相结合，使分时电价更有针对性，缓解用电高峰季节的供电紧张问题。

（二）国内实施分时电价存在的问题

1. 峰谷价差幅度不够

国外实施的分时电价，峰、谷价差可以拉大 9～10 倍，而我国一般采用高峰电价比平时段上浮 50%，低谷电价比平时段下调 50%，大体维持在 2～3 倍。这样的差价不足以调动用户高峰节电和低谷用电的积极性，导致填谷效果明显而移峰效果不明显。

2. 使用范围有限

目前，大部分省份的分时电价只在工业用户中实施，只有江苏、浙江等几个少数省份落实到普通居民中。居民与商业用电成为尖峰期的主要用电需求，且过分集中在某一时段，加大了电力系统调峰的压力。

分时电价的时段划分是固定的，各时段电价之比也是固定的。这就只能反映一段时间内日负荷及供电成本规律，而不能精确反映每年每天各时段负荷及供电成本的变化，加之它是建立在本身还不完善的两部制电价基础之上的，只对电度电价实行分时优惠，未与市场需求充分结合，也未充分体现价格的杠杆作用。

3. 分时电价缺乏灵活性

分时电价的时段划分和各时段的价格都是相对固定的。但这只能反映一段时间内日负荷及供电成本的规律，不能精准地反映其实时的变化。现行的分时电价只对电度电价实行分时优惠，未与市场需求充分结合，也未充分体现价格的杠杆作用。有些地区由于产业结构调整导致负荷结构发生变化后，供电企业往往无权调整分时电价，这就使得电网企业在实施峰谷分时电价的过程中风险增大。

4. 用户实施效果存在滞后

分时电价开始实施一段时间后，用户的实施效果才能完全体现出来。于是在峰、谷分时电价实行初期，供电企业会出现不明显利润或是较大额度的先期利润。由于用户响应的滞后性，其反应时间与电价推行时间之间存在一定的时间差。当用户做出完全响应甚至响应过度后，就容易出现负利润现象。

5. 发电侧峰谷分时电价和销售侧峰谷分时电价没有联动

厂网分开后，大部分地区的购电价格仍然是统一核算的，发电侧峰、平、谷都是一个价，但售电价格是分时的，有的地区虽然也在发电侧实施了峰、谷分时电价，但是与销售侧峰、谷分时电价的制订脱节，带来发电侧和销售侧两端利益的不平衡，不利于峰、谷分时电价的深入开展。

6. 电力供需双方对实施分时电价认识不够

某些至今仍未实行分时电价的供电企业领导认为，推行分时电价会引起购电成本增加、表计维护加大与平均电价下降，导致经济效益不佳。同时也有消费者对分时电价的认识不够，有的消费者甚至不知道什么是分时电价，这也影响了分时电价的推广。

第三节 分时电价实施效果

分时电价针对工业用户和居民用户实施不同的政策，由于不同的消费者有其自身的特点，实施效果也并不相同。

一、工业用户实施效果

一般来说，工业用户的用电需求占总用电需求的比重较大，实施分时电价后，移峰填谷的效果较为明显。

(一)安徽省淮北市实施分时电价效果分析

以安徽省淮北市为例。其工业用户为 315kVA 以上的大工业，100kVA 及以上的非普工业用户。经过数据调查分析，发现执行分时电价后的淮北工业用户峰值主要出现在 15：00～16：00 之间，峰值为 29.6 万 kW，谷值为 18.29 万 kW；出现在 12：00～14：00 之间，负荷差为 11.31 万 kW，日平均负荷为 24.1 万 kW，负荷率为 81.4%。

对实施前、后的负荷进行比较，得出转移用电高峰最大差额达到 9 万 kW，填谷负荷最大达到 10 万 kW。采用分时电价政策使淮北市工业用户的负荷率上升近 6 个百分点。未实行分时电价时工业用户夏季典型日用电量为 496.29 万 kWh，采用分时电价后的夏季典型日用电量为 598.54 万 kWh，日用电量上升了 102.25 万 kWh。从峰、平、谷时间段用电量来看，高峰用电量下降 43.94 万 kWh，低谷用电量上升 91.04 万 kWh，低谷电量占到总用电量的 40.7%。

按照淮北市分时电价政策进行电费计算，发现日平均电价下降了 0.011 元/kWh，淮北市工业用户每日节省电费 2.4 万元，每月节省电费 72 万元左右。调研结果显示，工业用户在使用分时电价后，电费占成本比例有所减低的用户为 60% 左右，有所升高的为 20% 左右，说明分时电价取得了较好的效果。

(二)江苏省南京市 6 大行业实施分时电价效果分析

对南京市实施分时电价前、后的数据进行进一步分析。自 2003 年 8 月 1 日起，南京市 6 大行业（包括机械、冶金、化工、医药、建材、纺织）大客户实行新时段，分时电价调整为 5：1。高峰时段调整为 8：00～12：00、17：00～21：00，电价上浮 2/3；低谷时段调整为 0：00～8：00，电价下浮 2/3；其余为平时段，电价不变。

分别选取 2003 年 6 月平均和 2003 年 11 月一周平均对 6 大行业总的日负荷曲线进行比较。新峰谷电价执行前、后南京市 6 大行业总负荷曲线比较如图 5-1 所示。

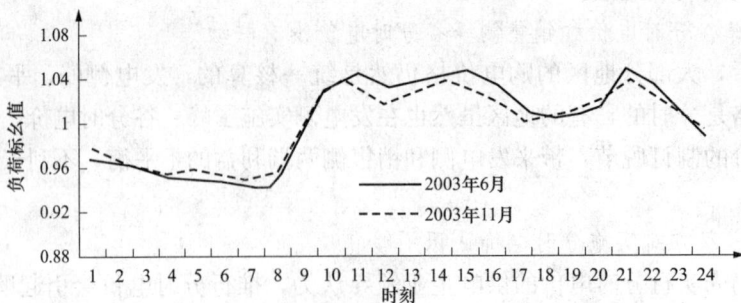

图 5-1　新峰谷电价执行前、后南京市 6 大行业总负荷曲线比较

由图 5-1 可以看出，6 月典型日分时电价用户最大负荷为 1.048（数据均为标幺值），最小负荷为 0.939，峰、谷差率为 10.4%，负荷率为 95.42%。低谷时段的平均负荷为 0.95，高峰时段平均负荷为 1.02。

11 月典型日分时电价用户最大负荷为 1.044，最小负荷为 0.947，峰谷差率为 9.3%，负荷率为 95.79%。低谷时段的平均负荷为 0.96，高峰时段平均负荷为 1.02。

通过对比可以得出，调整后低谷平均负荷上升了 0.01，峰谷差率下降了 1.1 个百分点，负荷率上升了 0.37 个百分点。

1. 机械行业实施分时电价效果分析

机械行业也是两班制，但由于行业本身的特点使得它不便于在夜间生产，否则质量无法得到保证。因此，它对于峰谷电价的响应并不大，尽最大可能地去避开高峰时期，利用低谷时段进行生产。新峰谷电价执行前、后机械行业典型日负荷曲线比较如图 5-2 所示。

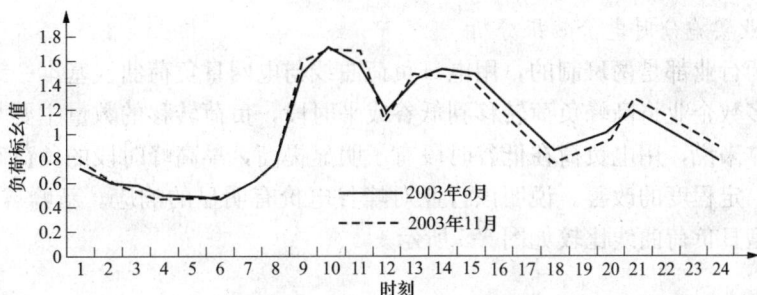

图 5-2 新峰谷电价执行前、后机械行业典型日负荷曲线比较

2. 冶金行业实施分时电价效果分析

冶金也属于连续性生产行业，峰谷比接近 1∶1。该行业拥有一个特点，即是存在夜间生产的电炉炼钢专用于调峰，因此当峰谷价差拉大，大部分企业会处于经济效益考虑避开高峰，扩大在低谷时段的生产。但这种改变并不明显。新峰谷电价执行前、后冶金行业典型日负荷曲线比较如图 5-3 所示。

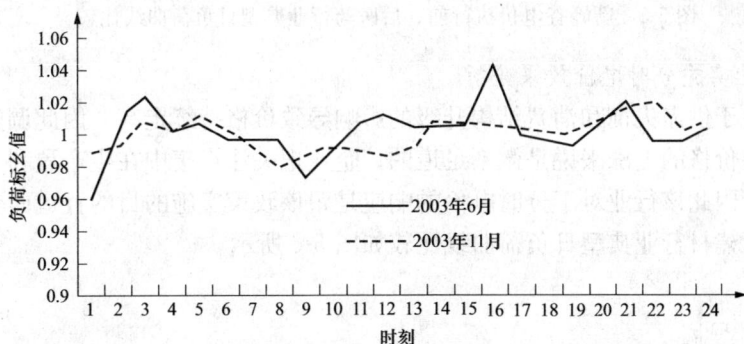

图 5-3 新峰谷电价执行前、后冶金行业典型日负荷曲线比较

3. 化工行业实施分时电价效果分析

化工行业一般是连续性生产，峰谷电量比接近 1∶1，负荷率最高，容易做出时间上的调整。分时电价政策改变后，其低谷的负荷利用率提高而早高峰有所降低，因而对峰谷电价比的变化响应较为灵敏。新峰谷电价执行前、后化工行业典型日负荷曲线比较如图 5-4 所示。

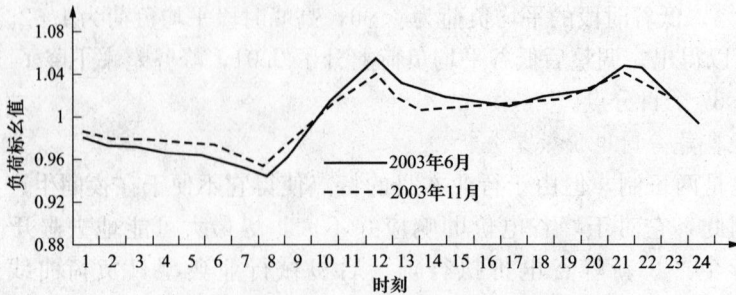

图 5-4　新峰谷电价执行前、后化工行业典型日负荷曲线比较

4. 医药行业实施分时电价效果分析

大部分医药行业都是两班制的，用电日负荷曲线与电网日负荷曲线基本一致。峰、谷比的提高促使大多数企业将高峰负荷转移到低谷或平时段，负荷转移的数量主要与分时电价的价格有关。总体来说，用电负荷在低谷时段有了明显提高，早高峰时段的负荷有所下降，日负荷曲线有了一定程度的改善。说明该行业对峰谷电价有明显的响应。新峰谷电价执行前、后医药行业典型日负荷曲线比较如图 5-5 所示。

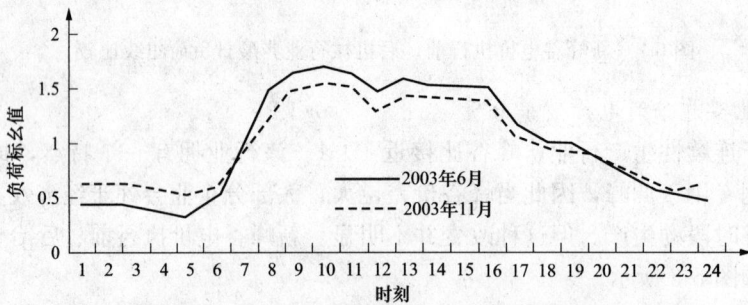

图 5-5　新峰谷电价执行前、后医药行业典型日负荷曲线比较

5. 建材行业实施分时电价效果分析

建材行业由于供需失衡和消费结构升级的影响导致价格持续走高，因此调整生产所节约的电费对于销售价格的上涨来说是微不足道的，企业把关注点集中在生产盈利上而不是降低能耗的开支上，因此该行业对于分时电价的响应是跟该政策实施的目的背道而驰的。新峰谷电价执行前、后建材行业典型日负荷曲线比较如图 5-6 所示。

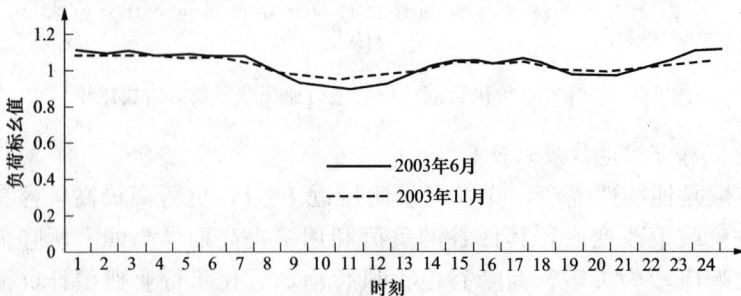

图 5-6　新峰谷电价执行前、后建材行业典型日负荷曲线比较

6. 纺织行业实施分时电价效果分析

相比之下，纺织行业的避峰效果更为明显，因为该行业是典型的三班制，在峰、谷价比没有调整之前，峰、谷电量比就小于 1：1，价格比扩大后，峰、谷电量比进一步缩小。新峰谷电价执行前、后纺织行业典型日负荷曲线比较如图 5-7 所示。

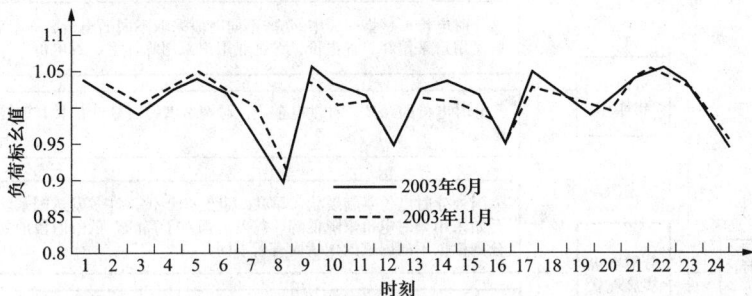

图 5-7　新峰谷电价执行前、后纺织行业典型日负荷曲线比较

二、居民用户实施效果

居民用户的用电需求比重虽然没有工业用户大，但考虑到居民数量多，且对价格因素较为敏感，因此在居民中实施分时电价同样有不可忽视的成效。

同样以安徽省淮北市为例。执行分时电价后的淮北市相山区居民用电峰值主要出现在 20：00～21：00，峰值为 8.48 万 kW；谷值为 1.14 万 kW，出现在 7：00～8：00 之间，负荷差约为 7.34 万 kW，日平均负荷为 3.29 万 kW，负荷率为 38.855%，转移用电高峰最大差额达到 218kW。填谷负荷最大达到 3015kW，原日平均负荷为 3.26 万 kW，负荷率为 38.433%，采用分时电价政策使居民用户的负荷率上升约 0.42 个百分点。

实行分时电价前淮北市相山区居民用户的夏季典型日用电量为 78.28 万 kWh，实行后为 79.04 万 kWh，日用电量上升 0.76 万 kWh。从平谷时间段用电量来看，平时段用电量下降 0.02 万 kWh，低谷用电量上升 0.79 万 kWh，低谷用电量占到总用电量的 26.53%。

按照淮北市分时电价政策进行电费计算，发现淮北市相山区居民日平均电价整体下降了 0.002 元/kWh，居民用户每日节省电费约 0.17 万元，每月节省电费 5.1 万元左右。对使用分时电价的居民在分时电价前、后的电价进行比较发现，使用分时电价前夏季平均电价为 0.57 元/kWh，使用分时电价后平均电价为 0.47 元/kWh。说明分时电价在居民的使用中取得的效果不容忽视。

把居民按照月收入分为低收入者、中层收入者和高收入者进行进一步探究。

低收入者一般为生活必需用电，用电需求本身就不大，又没有很多可以转移到低谷时段的电量，因此削峰和填谷的效果都不明显。且随着电价的调整，该类用户的平时段用电量上升，电费不降反升。

中层收入者对价格因素较为敏感，在电价的刺激下有意识地把高峰用电需求转移到低谷时段，起到了很好的削峰填谷作用，因此电费也并没有随着用电量成比例增长。

高收入者对价格并不敏感，只考虑生活的舒适和用电的方便，几乎不会对用电时间做出调整，但是由于低谷时段的用电价格下降，该类用户节省的电费支出反而是最多的。

综上所述，分时电价实施以来在不同省市取得了不同程度的效果，有一定的移峰填谷作用，改善了用电负荷曲线，但效果并不十分显著，在各方面仍然存在一些问题，有待后续进一步完善。

小　结

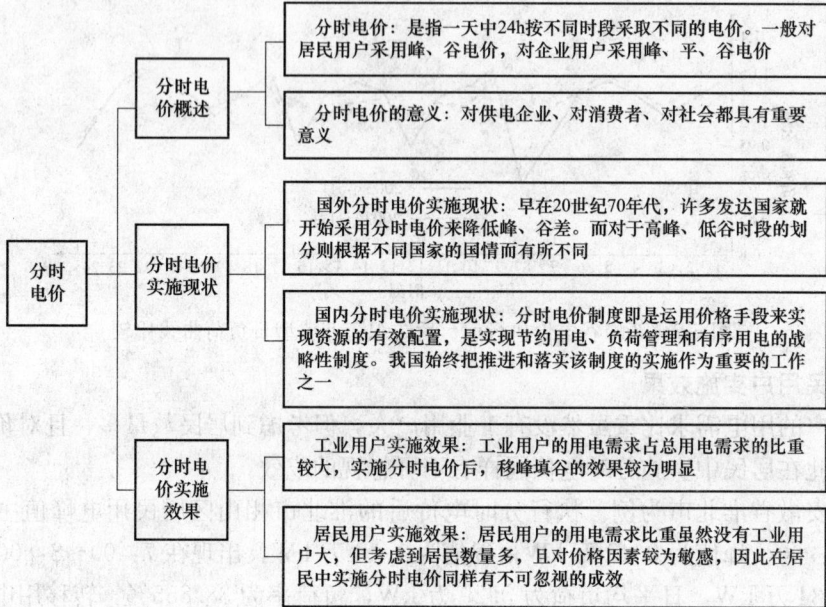

基 本 概 念

分时电价

思 考 题

1. 如何理解分时电价的意义？
2. 国外实施分时电价的情况如何？
3. 国内实施分时电价的情况如何？
4. 国内实施分时电价存在什么问题？
5. 分时电价实施效果如何？

————【本篇案例】————

电蓄能技术在南通电网的应用[1]

随着经济的发展以及人民生活水平的提高，用电管理水平在不断提高，但峰、谷差仍然高居不下，成为影响电网安全经济运行的主要因素之一。南通电网自 1996 年至 2002 年年平均日负荷率一直在 80% 以下，最大峰谷差由 1996 年的 50.2 万 kW 上升到 2002 年的 63.46 万 kW。2003、2004 年用电负荷率分别是 82.1% 和 86.2%，这种情况在经济越发达的地区越明显，如不采取措施，将进一步使发电设备利用小时数下降，导致发电煤耗上升，不利于电力工业的健康发展。

近年来，降温及取暖电器的拥有率及使用率逐年上升，今后的几年增长趋势必将加快，空调等防暑降温、防寒负荷将是造成高峰负荷的重要因素之一。根据统计资料表明，2002、2003 年南通市每百户居民拥有空调分别为 62.3 台和 86 台，加上商场、办公楼、宾馆、娱乐场所、机关学校及企事业单位的空调容量，降温取暖负荷在总负荷中所占的比重越来越大，而且这些负荷一般是构成用电的峰荷。因此，气温将成为电力负荷的一个敏感因素，因而必须研究负荷随温度变化的规律和怎样使这些设备避开高峰期，并转移到低谷时段用电。

电网的削峰填谷工作一直是困扰政府和电力部门的一件大事，做好此项工作一般采用三种措施，即行政措施、经济措施和技术措施。过去在电力紧张时期，削峰填谷工作主要采取行政措施，拉闸限电。进入市场经济后，随着产业结构的调整，出现过短暂的电力供过于求的现象，但近两年经济得到复苏，用电负荷迅速上升并屡创新高，政府和电力部门主要采取了经济措施，实施峰谷电价和可中断电价，取得了一定的效果。峰、谷电价政策的出台，使得国际上一些削峰填谷措施逐步走进了国门。尽管政策还不到位，但运用这些政策的削峰填谷技术措施前景非常广阔，电蓄能技术就是其中之一，它是电网调荷的一项重要措施之一，它的成功应用已得到了充分证明。

本案例从南通市的一个冰蓄冷和一个电蓄热示范工程的运行情况分析电蓄能技术对电网削峰填谷的作用。

一、南通市中级人民法院电蓄能空调系统

南通市中级人民法院电蓄能空调系统于 2002 年 6 月开始调试并投入使用，采用一台 630kW 电热水机组供热，两台 112kW 螺杆冷冻机制冷，蓄冰量 1440RTH，辅助设备为 143kW。空调供 8000m² 新大楼和 12 000 多平方米老办公楼以及大小法庭，其中，新大楼有 38 间宾馆标准客房，一楼为大厅，二楼为宾馆餐厅，其余为办公用房，该楼属综合性大楼。该楼如采用风冷热泵机组，用电负荷将达到 970kW，具有 603kW 的削峰能力。用电量方面，2004 年 6~12 月电蓄能空调系统共用电量为 68.91 万 kWh，其中，峰电量为 14.41 万 kWh，平电量为 22.68 万 kWh，谷电量为 31.82 万 kWh，平均峰、平、谷占比为 19.38%、29.16%、51.46%。图 1 为根据负荷管理装置记录的该院同南通市崇川区法院（建筑面积 1 万 m²，采用常规热泵空调）8 月份高温季节平均负荷比较图。

---

[1] http://www.cqvip.com/read/read.aspx? id=16072352

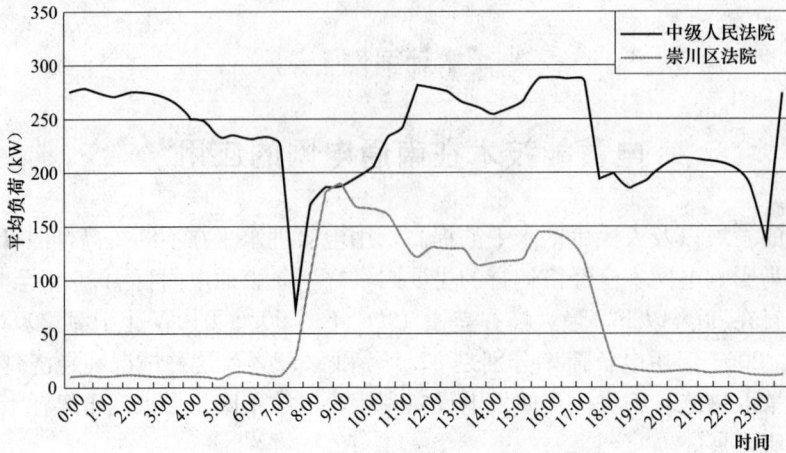

图 1　平均负荷比较图

　　由图 1 很明显地看出，采用蓄能空调后，空调一部分负荷转移到 23：00 至第二天早晨 7：00 的低谷时段，日负荷曲线比较平均，有效地削减了白天的高峰负荷，平均负荷曲线比较平稳。而没有蓄能装置的崇川区法院则晚间基本不用电，最大负荷在电网高峰段，增加电网的高峰负荷负担，用电结构很不合理。

二、南通师范学院学生公寓生活热水系统

　　南通师范学院为本科高等学府，学院学生公寓生活热水系统采用电蓄能生活热水系统，工程共分两期，分别在 2001 年 9 月和 2002 年 9 月投运。一期工程采用一台 990kW 电热水机组，一台 90kW 电蒸汽机组。二期工程采用一台 1080kW 电热水机组，一台 280kW 电蒸汽机组。2004 年电蓄能生活热水系统共用电量为 148.45 万千瓦时，其中，峰电量为 12.91 万千瓦时，平电量为 13.21 万千瓦时，谷电量为 122.32 万千瓦时，年平均峰、平、谷占比为 11.7%、11.46%、76.84%。在无故障的情况下，该系统基本上在用电低谷期运行，谷电量占 90% 左右，填谷负荷为 2450 千瓦。月用电量比较如图 2 所示，平均负荷如图 3 所示。

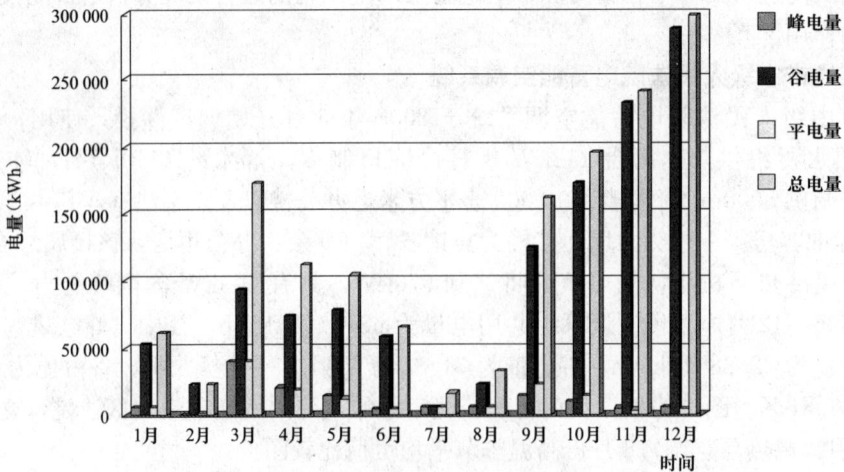

图 2　月用电量比较图

从以上的负荷曲线可以看出，蓄热式电锅炉的负荷均集中在晚间低谷时段，有效地利用低谷电，降低了用户电费支出，明显地错开了电网高峰。电蓄能技术由于自身的特点，非常适合负荷率低而又无法通过调节生产周期的商业、服务、行政管理等部

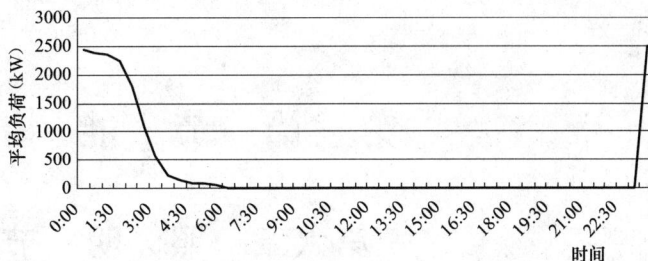

图 3 平均负荷图

门和行业，这些部门和行业的负荷基本上表现为一峰一谷，峰、谷差比较大，负荷率较低，峰时和谷时同电网重合。

近几年来宾馆、饭店、商场、办公楼等中央空调，居民空调负荷剧增，其中绝大部分采用普通电空调，大中城市空调用电量已占其高峰用电量的 20％以上，加大了高峰负荷压力和峰、谷差。夏季出现的用电高峰负荷主要是空调降温负荷，近几年的业扩量预示夏季空调负荷在进一步增加，均衡用电刻不容缓。据统计，2004 年 1～12 月全省商业业扩报装容量为 98 万 kW，非居民业扩报装为 106 万 kW，预计全年两项业扩新增空调负荷为 60 万 kW 左右，如采用冰蓄冷空调技术，可转移高峰时段空调负荷 30 万 kW 左右。

另外，居民业扩报装容量为 337 万 kW，居民小区也可采用蓄能式集中供冷、供热系统，减轻一部分电网高峰负荷压力。

电蓄能技术的应用，对电网具有削峰填谷作用。能够平衡电网峰、谷负荷，制冷主机容量比常规空调减少，降低了用户设备的投资，减缓电厂和供、配电设施的建设，优化了电力资源配置；可以充分利用峰、谷电价的优惠政策，降低空调运行费用。再从空调本身来看，蓄能空调具有应急冷（热）源，空调可靠性提高；能实现大温差、低温送风，节省了水、风输送系统的投资和能耗；相对湿度较低，空调品质提高。因此，电蓄能技术具有广阔的前景和生命力。

第三篇　节　能　措　施

第六章　照　明　节　能

────────【学习目标】────────

(1) 了解照明光源的种类。
(2) 掌握高效节能光源的主要特点。
(3) 了解照明节能技术。
(4) 掌握照明设计的技术经济分析方法。

────────【内容提要】────────

　　照明被广泛应用于建筑物内外，是人们生产和生活不可缺少的人工光源。掌握高效节能照明光源的特点、合理设计照明可以提高照明效率、节约电力、保护环境。本章内容包括照明光源的种类、高效节能光源、照明节能措施以及照明设计的技术经济分析等内容。

第一节　照明光源概述

　　照明光源（Illumination Source）指用于建筑物内外照明的人工光源。近代照明光源主要采用电光源（即将电能转换为光能的光源），一般分为热辐射光源、气体放电光源和半导体光源三大类。

一、热辐射光源

　　热辐射光源是指利用物体通电加热至高温时辐射发光原理制成的光源。这类光源结构简单，使用方便，在光源额定电压与电源电压相同的情况下即可使用。常用的热辐射光源有白炽灯和卤钨灯两种类型。

（一）白炽灯

　　白炽灯内装钨质灯丝，发光效率为 10～15lm/W，色温 2800K 左右，显色性好，额定寿命为 1000h，我国已有由 220V、15W 到 220V、1000W 不同规格的系列产品。灯头形式有螺口式和卡口式两种。常用于室内一般照明，还可用于照度要求较低的室外照明。反射型白炽灯的光束定向发射，光能利用率高，一般用于橱窗、展览馆和需要聚光照明的场所。

　　白炽灯的优点是显色性佳、成本低、使用安全方便、设备维护费用低、无污染；缺点是发光效率低、能耗大，因而成为节能照明中的主要障碍。2012 年我国白炽灯产量为 45.28 亿只。据测算，我国照明用电约占全社会用电量的 12% 左右。如果把在用的白炽灯全部替换为节能灯，年可节电 480 亿 kWh，相当于减少二氧化碳排放 4800 万 t，节能减排潜力巨大。逐步淘汰白炽灯，不仅有利于加快推动我国照明电器行业技术进步，促进照明电器行业结构升级优化，而且也将为实现"十二五"节能减排目标、应对全球气候变化做出积极贡献。

（二）卤钨灯

内装钨质灯丝，并充以一定量的碘和溴或它们的化合物。卤钨灯利用卤钨循环化学反应原理，大大减少了钨丝的蒸发和灯泡发黑程度。卤钨灯的发光效率和额定寿命都比白炽灯高。卤钨灯常做成管状，尺寸小，功率为 $300\sim1000W$，色温为 $2800\sim2900K$，显色性好，额定寿命约为 1500h，光通量稳定。多用于室内外大面积照明。

卤钨灯分为主高压卤钨灯（可直接接入 $220\sim240V$ 电源）及低电压卤钨灯（需配相应的变压器）两种，低电压卤钨灯具有相对更长的寿命、安全性能好等优点。

二、气体放电光源

气体放电光源是利用电流通过气体时发光的原理制成的光源。这类光源发光效率高，寿命长，光色品种多。常用的气体放电光源有低压放电光源、高压放电光源和超高压放电光源三种类型。

（一）低压放电光源

低压放电光源灯内气体的总压强约为 1%大气压。低压放电光源有两种。辉光放电光源，如霓虹灯、氖灯等；弧光放电光源，如传统荧光灯（低压汞灯，常说的日光灯）、低压钠灯、无极荧光灯（简称无极灯）等。

低压放电光源发光体较大，发光均匀；工作电流较小，如辉光放电灯在几百毫安以内，弧光放电灯在 1A 以内；功率较小，一般在 200W 以内。

低压气体放电光源从启动方式看有冷阴极灯和热阴极灯两种。冷阴极灯不需预热可直接高电压启动，如霓虹灯。热阴极灯需进行预热，当灯丝达到电子发射温度时再启动，如预热式荧光灯，需配用适宜的启动器进行预热启动。低压气体放电光源在灯点燃熄灭后一般可以立即再启动点燃。

（二）高压放电光源

高压放电光源灯内气体的总压强在 $9.8\times10^4\sim9.8\times10^5Pa$。高压放电光源有高压汞灯、高压钠灯、金属卤化物灯以及微波硫灯、长弧氙灯等。

高压放电光源工作电流较大，在大电流状态工作，因而灯功率可以做得较大。它不需预热启动，可配用适宜的触发器直接启动。但高压气体放电灯在灯点燃熄灭后一般不可以立即再启动点燃，需间隔一段时间，待灯冷却后再启动。

（三）超高压放电光源

超高压放电光源灯内的气体总压强大于 9.8×10^5Pa。超高压放电光源有超高压氙灯、超高压汞灯等。

超高压放电光源的发光体较小，近似高亮度点光源，便于控光。

三、半导体光源

半导体光源包括电致发光灯和半导体灯。

电致发光灯是荧光粉在电场作用下发光的一种光源。它是一种将电能直接转换成光能的过程，这种发光不存在犹如白炽灯那样先将电能转变成热能，继而使物体温度升高而发光的现象，故将这种光称为冷光。

半导体灯是半导体 PN 结发光（在一块完整的硅片上，用不同的掺杂工艺使其一边形成 N 型半导体，另一边形成 P 型半导体，那么在两种半导体的交界面附近就形成了 PN 结）。这类灯仅用于需要特殊照明的场所。

第二节　高效节能光源

当前我国主要使用的照明光源有白炽灯、荧光灯、气体放电灯、半导体灯等。其中白炽灯属于低效光源，高压汞灯因显色性差，汞含量高，环保性能差，已被逐步淘汰。

我国目前在绿色照明上的策略是使用紧凑型荧光灯替代白炽灯，可以节电约 70%；用细管三基色荧光灯替代普通粗管荧光灯，可以节电约 15%。用 T8、T5 细管荧光灯替代 T12 粗管荧光灯可以节电约 10%、30%，投资成本一年之内可以回收；用新型高效的高压钠灯、金属卤化物灯替代高压汞灯、卤钨灯。新型高效的高压钠灯适合于道路照明；金属卤化物适合于高层楼宇建筑、商场、展示厅；半导体 LED 灯适用于交通信号指示灯、汽车尾灯、转向灯、广告牌、夜景照明等，电能消耗仅为白炽灯的 1/10、节能灯的 1/4，寿命是白炽灯的 100 倍；用电子镇流器、低耗能电感镇流器替代普通高耗能电感镇流器。

一、荧光灯

荧光灯分为传统型荧光灯和无极荧光灯。传统型荧光灯即低压汞灯，通常称为日光灯，是利用低气压的汞蒸气在通电后释放紫外线，从而使荧光粉发出可见光的原理发光，因此它属于低气压弧光放电光源。无极荧光灯即无极灯，它取消了对传统荧光灯的灯丝和电极，利用电磁耦合的原理，使汞原子从原始状态激发成激发态，其发光原理和传统荧光灯相似，有寿命长、光效高、显色性好等优点。

荧光灯按组合方式分为两类。一是直管和异型管荧光灯，需要外配镇流器；二是紧凑型荧光灯，由灯管和电子镇流器组合为一体，可直接替代白炽灯。

荧光灯按启动方式分为三类。一是普通型电感镇流器，特点是启动慢、耗电高、发热大；二是节能型电感镇流器，与普通镇流器相比，特点是耗电小、稳定性高，但耗电仍高于电子镇流器；三是电子式镇流器，特点是启动快、耗电低，有一拖一、一拖二、一拖多路及智能型调光镇流器，是目前启动方式的主流。

荧光灯按使用的荧光粉分为两类：一是普通荧光灯使用的卤磷酸钙荧光粉；二是三基色荧光灯使用的由红、绿、蓝谱带区域发光的三种稀土银光粉，它与普通荧光灯相比，具有光效高、寿命长、显色性好等特点，但价格偏高。下面是几种常用的荧光灯。

（一）直管型荧光灯

据测试，用细管荧光灯（如 T8、T5 型号）替代粗管荧光灯（如 T12 型号）可节电约 10%，用三基色荧光灯替代普通荧光灯可节电约 15%。

（二）异型管荧光灯

为了满足不同场合的使用，将灯管做成方形、环形、U 形、H 形等，其光效一般略低于直管荧光灯。

（三）紧凑型荧光灯

紧凑型荧光灯将荧光灯管与电子镇流器合为一体并小型化，可直接替代白炽灯用于室内照明。其类型丰富，功率分布偏小，近年来也发展了大功率螺旋灯，功率已有 55、65、

85W，甚至 105W。使用紧凑型荧光灯替代白炽灯可节电约 70%。其光效一般略低于直管和异型管荧光灯。

（四）无极荧光灯

无极荧光灯也称为无极灯，其工作原理是高频电源通过感应线圈耦合，在放电管中产生交变电磁场，从而使放电管中的气体电离和激发放电产生的紫外线辐射，经过荧光粉转变成可见光。无极荧光灯的放电管是一个内涂荧光粉的玻璃泡，放电管内充以汞和氩等惰性气体。

无极荧光灯的特点是光效高、寿命特长（可达 60 000h 以上）、无频闪、能瞬时启动，但成本高，特别适合于更换光源困难且维护费用昂贵的场合，如桥梁、高塔、高层建筑外部。目前，我国已经能生产出多种无极荧光灯，并已应用在上海路灯照明系统中。

二、其他气体放电灯

气体放电灯是由气体、金属蒸气或几种气体与金属蒸气的混合放电而发光的灯，通过气体放电将电能转换为光的一种电光源。除了荧光灯以外，常见的其他气体放电灯有以下几种：

（一）高压钠灯

高压钠灯启动后，在初始阶段是汞蒸气和氙气的低气压放电。这时候，灯泡工作电压很低，电流很大；随着放电过程的继续进行，电弧温度渐渐上升，汞、钠蒸气压由放电管最冷端温度所决定，当放电管冷端温度达到稳定，放电便趋向稳定，灯泡的光通量、工作电压、工作电流和功率也处于正常工作状态。在正常工作条件下，整个启动过程约需 10min。

高压钠灯使用时发出金白色光，具有发光效率高、耗电少、寿命长、透雾能力强和不诱虫等优点，广泛应用于道路、高速公路、机场、码头、船坞、车站、广场、街道交汇处、工矿企业、公园、庭院照明及植物栽培。高显色高压钠灯主要应用于体育馆、展览厅、娱乐场、百货商店和宾馆等场所照明。

（二）金属卤化物灯

金属卤化物灯是利用金卤灯内金属卤化物蒸气扩散，在电弧作用下分解，产生辐射光，通过扩散→分解→扩散→复合→扩散循环过程在灯内不断重复进行，产生光源。

金属卤化物灯是高强度气体放电灯中显色性好的光源，并且光效高、尺寸小、性能稳定。采用半透明陶瓷作电弧管的金属卤化物灯，光效更高，光色更好且稳定，寿命更长。由此可见，利用不同的金属卤化物组合成新型复合性金属卤化物灯，可极大地提高金属的蒸汽压，提高灯的光效，降低灯的管壁温度，延长灯的寿命。其主要适用场合有高顶工业建筑、商场、展示厅等。

三、LED 光源

发光二极管灯（Light Emitting Diode，LED）是一种能够将电能转化为可见光的固态的半导体器件，它可以直接把电转化为光。

1. LED 的工作原理

LED 的心脏是一个半导体的晶片，晶片的一端附在一个支架上，是负极；另一端连接电源的正极，使整个晶片被环氧树脂封装起来。半导体晶片由两部分组成，一部分是 P 型半导体，里面空穴占主导地位，另一部分是 N 型半导体，主要是电子。但这两种半导体连接起来的时候，它们之间就形成一个 PN 结。当电流通过导线作用于这个晶片的时候，电子就会被推向 P 区，在 P 区里电子跟空穴复合，然后就会以光子的形式发出能量，这就是

LED灯发光的原理。而光的波长也就是光的颜色，是由形成P-N结的材料决定的。

2．LED特点

LED优点是省电、寿命长（可达10万h），工作电压低、抗震耐冲击、免维护、易控制、响应速度快、利于环保；缺点是成本偏高、单体功率小、真正在商业市场上普及尚待时日。

3．LED适用范围

换灯和维护困难的场合；需快速响应使用的场合；环境恶劣场合。如交通信号指示、汽车尾灯、转向灯、夜景照明等场合。

LED灯在同样的亮度下电能消耗功率仅为白炽灯的1/10、节能灯的1/4（试验阶段），而寿命却是白炽灯的100倍。科学家预计随着技术的发展，到2020年LED灯光效将达300lm/W，应用前景广阔。其发展方向为低成本、高亮度、大功率。

第三节　照明节能措施

照明节能技术是推动照明节能工作的首要环节。推广照明节能的场合非常广泛，总体分为户外、户内两类。包括工厂、矿山、商场、宾馆、写字楼、宿舍、广场、公园、道路及交通设施、广告牌箱等。照明节能措施如下：

一、选择合适的高效光源

（一）选用原则

照明的选择要根据实际需要选择高效光源，具体遵循以下原则：

（1）发光效率高。

（2）显色性好，即显色指数高。

（3）使用寿命长。

（4）启动可靠、方便、快捷、无频闪。

（5）性价比高。

（二）经验建议

具体选择高效光源时有如下经验可以参考。

（1）灯具安装高度较低的场所多宜选用荧光灯，选用优先顺序为三基色直管、异型管、紧凑型荧光灯。一般的办公场所、普通生产车间都应优先选用直管荧光灯。

（2）灯具安装高度较高的场所多宜选用金卤灯或中显色高压钠灯，对于显色性要求高的场所宜用陶瓷金卤灯，对于没有显色性要求的工业场所，可以用光效更高、寿命更长的高压或低压钠灯。

（3）安装高度较高且不易维护的场所（如航标灯、高塔灯等）宜选用高频无极荧光灯，但值得注意的是其配用电子器具在-15℃以下难以正常工作。

（4）户外道路、广场、仓库宜选用钠灯、金卤灯，并配以户外灯具。

（5）不再选用高压汞灯，限制使用白炽灯、卤钨灯等热辐射光源。

（6）选用金卤灯和钠灯时应考虑铜材和硅钢片的成本，需进行技术经济比较。

二、选用光利用率高及配光合理的灯具

（一）光的利用效率

光的利用效率是指灯具对光源光通量有效利用的程度。利用率越高节能效果越好。提高

光的利用效率的方法有：

（1）使用高效、长寿命的反射材料，如反光层涂铝或涂银，加二氧化硅保护膜。

（2）对室内照明的荧光灯具，宜在内部装设镜反射抛物面以及镀铝面反射膜的抛物面格栅等。对室外照明和高天棚用大功率灯具，部分反射面采用多棱面组合，以减少光源本身的遮光程度，使灯具的光效提高约8%。

（3）提高光源利用系数。选择效率高、适合房间室形条件（包括室形指数、室内各表面反射比）的灯具，一般情况下房间室形指数（RI）大，选用宽配光灯具；小而高的房间选用窄配光灯具。

室形指数为 $RI = WL/H(W+L)$

式中 W——房间宽；

L——房间长；

H——灯具至工作面高度。

（二）光质

光质是指防止光炫目的品质，也指配光的合理性，用以提高人们视觉工作效能。提高光质性能的手段如下：

（1）采用合理形状的格栅。

（2）室内墙壁及顶篷应装饰明亮，使用长寿命反射率高的材料。

（3）灯罩选用长寿命聚丙烯透光板，并压制成折光棱镜，形成蝙蝠翼形配光，可加大灯具间隔，获得均匀光照，有利于提高视觉效能并节省费用。

三、选用优质的镇流器

（一）选用原则

镇流器属于耗能器件，对照明质量和电能质量有较大影响。可以按如下原则选用：

（1）自身功耗小。

（2）频闪小，噪声低。

（3）谐波少（符合国家标准），电磁兼容性好。

（4）运行可靠且使用寿命长。

（5）性价比高。

（二）经验建议

不同类型的整流器的性能是不同的，直管或异型管荧光灯镇流器，以T8（36W）为例，传统电感镇流器、节能电感镇流器和电子镇流器性能比较见表6-1，其中电子镇流器宜选用谐波含量低的L级产品。

表 6-1 传统电感镇流器、节能电感镇流器和电子镇流器性能比较

类型	功耗（W）	谐波含量比（%）	功率因数	频闪	噪声	调光	使用寿命（年）	价格
传统电感型	9	<10	0.5	有	有	不可	15～20	低
节能电感性	4.5～5.5	<10	0.5	有	小	不可	15～20	中
电子式（H级）	3.5～4	<40	>0.9	无	无	可	4～5	中
电子式（L级）	3.5～4	<30	0.95	无	无	可	8～10	高

根据上述三类镇流器性能比较，在具体选择镇流器时一般经验是传统高耗能电感镇流器逐步被淘汰，选用节能电感镇流器或电子镇流器者居多。

四、进行合理的照明设计

照明节能的一项重要措施是合理设计照明，照明设计需注意以下几点：

（1）选用合适的高效光源及优质灯具，改进照明布光方略。

（2）选择合适的初始照度，因光源在使用中亮度会随点燃时间的加长而逐步衰减以及灯具污染增加而光亮下降，一般初始设计时照度应高于标准30％。

（3）选择合理的灯具与屋顶的悬挂垂度，一般选择悬挂垂度为0.3～1.5m，多取0.7m。但在有行人的车间或吸顶安装的灯具，其悬挂垂度为零。

（4）有利于按工作需要分组开关灯。

（5）布线应尽量减少迂回，避免电能损失。三相负载尽量平衡，消除运行负荷不对称现象。

（6）充分利用天然光能，采用合理的窗墙比，隔热透光的节能门窗，并将其与自动调光人工辅助照明相配合，可节电10％～70％。

（7）我国照明新标准规定了七类建筑中最常用的场所或房间的照明功率密度最大允许值，即LPD（照明功率密度）最大限值，其对照明设计提出更高的要求。

五、推广照明自动控制技术

推广的照明自动控制技术包括以下方面：

（1）选用自动控制开关，如楼道照明推广光电感应节能开关或延时开关，宾馆客房采用钥匙开关。

（2）加强推广户外场所照明集中监控系统，自动开启、关闭部分或全部户外灯具或按天气、周围环境自动调整亮度，采用灯具故障自动报警装置等。

六、进行合理的照明电气安全设计

安装在户外的照明配线要注意与煤气、通信、上下水、有线电视等管线隔开并严格按相关规定施工，禁止将电线直埋于地下。施工后要留有绘制的实际竣工图，为今后的修理维护做准备。

第四节　照明设计的技术经济分析

照明设计应根据光源种类及性能（光效、色温、寿命）、使用数量、维护系数、设计照度等标准，在达到国家标准要求的基础前提下确定两个及以上方案进行技术经济分析比较。

一、影响技术经济分析的主要因素

影响技术经济分析的主要因素如下：

（1）初始投资，包括光源价格、灯具价格、安装费用。

（2）年固定费用，包括折旧年限、折旧率。

（3）年用电量及电费。

（4）年光源费及系统维护费用。

（5）投资资本的利息。

二、费用最小分析法案例

最简单的技术经济分析法是费用最小分析法，即比较几种方案的费用，选择其中费用最小的方案。

（一）计算单位照明成本

通常照明灯具不仅价格不同，发出的光通量和寿命也是不同的，例如 A 灯价格 2.5 元，光通量 1000lm，寿命 1500h；B 灯价格 2 元，光通量 500lm，寿命 2000h，如何选择决策就需要进行技术经济分析。这里采用费用最小分析法。

将单位光通量每小时的费用定义为单位照明成本，用 C 表示。假定灯的价格为 F_1（单位：元），每换一支灯的人工费为 F_2（单位：元），灯的寿命为 L（单位：千瓦时，kWh），每只灯的功率是 N（单位：瓦，W），电价为 P（元/千瓦小时，元/kWh），灯的光通量（光源在单位时间内发出的光量总和）用 Φ 表示（单位：流明，lm），得出单位照明成本 C 为

$$C = (F_1 + F_2 + NPL)/\Phi L$$

以 40W 白炽灯和 11 瓦一体化紧凑型荧光灯（CFL）为例进行费用最小比较，有关数据列于表 6-2 中。从表 6-2 的比较可以看出，11W CFL 的单位照明成本还不到 40W 白炽灯的 1/4。而且采用 CFL，还节约了电能。因此，在对显色性要求不是很苛刻的场合，应该优先选用紧凑型荧光灯。

表 6-2　　40W 白炽灯和 11W CFL 的单位照明成本比较

项目	40W 白炽灯	11W CFL
功率 N（W）	40	11
电价 P（元/(kWh)）	0.65	0.65
光通量 Φ（lm）	400	500
寿命 L（kh）	1	10
灯价格 F_1（元）	2	25
人工费 F_2（元）	0.4	0.6
单位照明成本 C［元/(klm·h)］	0.071	0.019 42

依据上述单位照明成本的计算公式可以得出 40W 白炽灯和 11W 一体化紧凑型荧光灯的单位照明成本分别是 0.071 元/（klm·h）和 0.019 42 元/（klm·h）。显然一体化紧凑型荧光灯的单位照明成本低得多。

（二）计算年费用支出

假定某一场所原采用 40W 白炽灯照明，为了节电改用 11W CFL。如果灯每年工作时间 T=2kh，则年电费为 TNP，在已知灯工作时间和灯寿命条件下，年换灯数为 $n=T/L$，年换灯费用为 $n(F_1+F_2)$。

年费用支出包括两个方面。一是灯的年电费支出，二是换灯费用支出。将灯的年电费支出和换灯费用支出相加得出年支出费用。40W 白炽灯的年支出费用为 56.8 元，11W 的荧光灯的年支出费用为 19.42 元。上述计算数据列于表 6-3 中。

表 6-3　　初始投资和年运行费的比较

项目	40W 白炽灯（O）	11W CFL（N）
初始投资 F_1（元）	2	25
年换灯数 n	2	0.2
年换灯费 $n(F_1+F_2)$（元）	4.8	5.12
年电费支出 TNP（元）	52	14.3
年费用支出（元）	56.8	19.42

在上述计算时，没有考虑资金的时间价值，考虑资金时间价值的计算会更复杂一些。

小　结

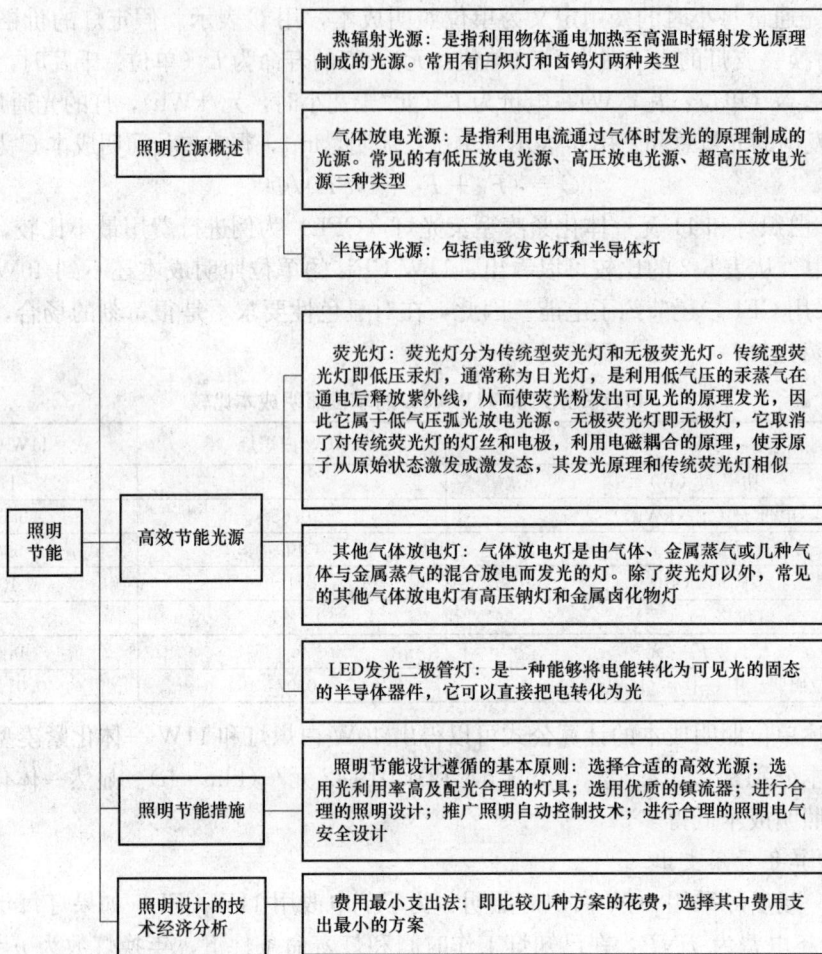

基　本　概　念

照明光源

思　考　题

1. 照明光源有哪些类型?
2. 高效节能光源有哪些类型?
3. 照明节能措施有哪些?
4. 如何对照明设计方案进行技术经济分析?

第七章　家用电器节能

────【学习目标】────

(1) 了解家用空调的工作原理和种类。
(2) 掌握家用空调的主要节能措施。
(3) 了解家用电冰箱的构造和种类。
(4) 掌握家用电冰箱的主要节能措施。
(5) 了解家用热水器的概念及种类。
(6) 掌握家用热水器的主要节能措施。
(7) 掌握家用直热式电炊具及主要节能措施。
(8) 掌握家用电磁加热炊具及主要节能措施。
(9) 了解家用洗衣机的种类及变频技术在家用洗衣机中的应用。
(10) 掌握家用洗衣机的主要节能措施。

────【内容提要】────

家用电器是居民用电的主要部分，提高家用电器能效，普及家用电器的节电方法，对于社会节电具有重要意义。本章主要讲述家用空调节能、家用电冰箱节能、家用电热水器节能、家用电炊具节能及家用洗衣机节能等。

第一节　家用空调节能

一、家用空调工作原理

家用空调一般采用机械压缩式的制冷装置，这一制冷系统包括压缩机、冷凝器、节流装置（又称节流减压装置、阻流器）和蒸发器四个主要部件，四个部件中充满着制冷剂（又称制冷工质）。压缩机推动制冷剂在空调器中循环流动，将热量从室内搬运到室外（冬季相反），实现对房间温度的调控，家用空调的结构如图 7-1 所示。

家用空调的工作原理是一个循环的过程，压缩机将低温、低压的气态制冷剂压缩成高压、高温的气态制冷剂，并使其在空调系统中循环；冷凝器将高压、高温的气态制冷剂经过放热，冷凝成高压、中温的液体，继而通过节流减压装置降压，变成低压、中温的液体，其降压的目的是为了配合蒸发器蒸发，使得制冷剂能够在低温下蒸发，即吸收室内热量；蒸发器是将低压、中温液态制冷剂蒸发吸热变成低压气态制冷剂，当室内空气流经蒸发器，蒸发器中的液态制冷剂吸收空气中的热量蒸发，这样室内空气的温度随之下降。而蒸发器中的低压气体重新进入压缩机，又开始新一轮循环。

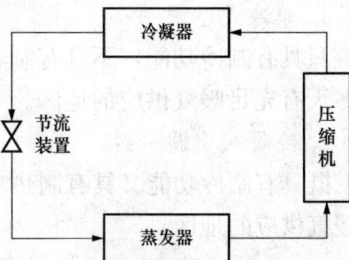

图 7-1　家用空调的结构图

由此可见，空调系统本身并不是制冷机器，而是热量搬运、转移的机械，将室内的热量转移到室外。冬季需要将室外的热量搬运到室内，这就要再加装一个四通电磁换向阀，使制冷剂作反向运行，使室内空气温度上升。有四通电磁换向阀的是冷、暖空调，没有的则是单冷空调。

二、家用空调种类

家用空调的种类很多，可以按照不同的方式进行分类。

（一）按照空调安装形式分类

按照空调安装形式分类可以将空调分为壁挂式空调、立柜式空调、窗式空调和吊顶式空调。

1. 壁挂式空调

壁挂式空调广受大家欢迎，技术也在不断革新。换气功能是最新运用在壁挂式空调的技术，保证家里有新鲜空气，防止空调病的产生，使用起来更舒适、更合理。此外，静音和节能设计能提供安静的睡眠环境。冷暖型的壁挂式空调，要注意选择制热量大于制冷量的空调，以确保制热效果。如果有电辅热加热功能，就能保证在超低温环境下（最低−10℃）也能制热（出风口温度为40℃以上）。

2. 立柜式空调

要调节大范围空间的气温，如大客厅或商业场所，立柜式空调最合适。在选择时应注意是否有负离子发送功能，因为其能清新空气，保证健康。而有的立柜式空调具有模式锁定功能，运行状况由机主掌握，对家中有小孩的家庭比较有用，可避免不必要的损害。另外，送风范围是否够远够广也很重要。目前，立柜式空调送风的最远距离可大于15m，再加上广角送风，可兼顾更大的面积。

3. 窗式空调

窗式空调安装方便，价格便宜，适合小房间。在选择时要注意其静音设计，因为窗机通常较分体空调噪声大，所以选择接近分体空调的噪声标准的窗机好一些。除了传统的窗式空调外，还有新颖的款式，如专为孩子设计的彩色面板儿童机，带有语音提示，既活泼又实用安全，也是不错的选择。

4. 吊顶式空调

吊顶式空调是一种创新的空调设计意念，室内机吊装在天花板上，四面广角送风，调温迅速，更不会影响室内装修。

（二）根据空调功能分类

根据空调功能分类可以将空调分为单冷式空调和冷暖式空调。

1. 单冷式空调

只具有制冷功能，不具有制热功能的空调称为单冷式空调。单冷式空调适用于夏天较热或冬天有充足暖气供应的地区。

2. 冷暖式空调

既具有制冷功能又具有制热功能的空调称为冷暖式空调。冷暖式空调适合于冬天没有充足暖气供应的地区。

（三）根据空调制热方式分类

根据空调制热方式分类可以将空调分为热泵型空调和电辅助加热型空调。

1. 热泵型空调

热泵型空调适用于夏季炎热、冬季较冷的地区。

2. 电辅助加热型空调

电辅助加热型空调因加了电辅助加热部件，制热强劲，所以适用于夏季炎热、冬季寒冷的地区。

（四）按空调调温情况分类

按空调调温情况分类可以将空调分为单冷型空调、冷暖型空调和电辅助加热型空调。

1. 单冷型空调

仅用于制冷，适用于夏季较暖或冬季供热充足地区。

2. 冷暖型空调

具有制热、制冷功能，适用于夏季炎热、冬季寒冷地区。

3. 电辅助加热型空调

电辅助加热功能一般只应用于大功率柜式空调，机身内增加了电辅助加热部件，确保冬季制热强劲。不过，在冬季供暖比较充足的北方地区似乎并无必要。

（五）按空调电动机运转情况分类

按空调电动机运转情况分类可以将空调分为定速空调和变频空调。

1. 定速空调

定速空调是指空调压缩机的电动机保持固定转速运转，运行中制冷、制热能力没有变化，通过压缩机的频繁启停来实现房间温度的调节。由于压缩机需要频繁启动，对压缩机和整机系统有一定影响。定速压缩机的瞬时启动电流为正常运转时的 5～7 倍，此时空调的耗电量是正常运转时的 5～7 倍，耗电量极大。因此，加重了家庭中电力负荷，容易引起跳闸现象。此外，当室外温度较低时，空调室外机容易结霜，无法正常运行。

2. 变频空调

目前市场上的变速空调分交流变频调速空调和直流变速空调两种，两者的不同主要在使用的压缩机不同，交流变频调速空调使用交流变频压缩机，直流变速空调使用直流变速压缩机。交流变频通过对工频电源进行转换，根据不同要求把 50Hz 频率改变成不同频率来调节压缩机电动机转速，从而可以加大制冷（热）力度，同时实现了制冷（热）在一定范围内的连续调节，其最大制冷（热）量可以达到同功率定速式空调的 1.5 倍，适用的电源电压范围在 142～270V 之间，室内机运行的最大噪声为 30dB 左右。交流变频空调先以大功率、大风量启动，迅速接近设定温度后，压缩机便逐步降低转速运转维持室内温度。因其温度波动小，使得人体舒适度提高。同时，冬季制热时，室外温度低至 −10℃ 仍可正常使用，避免了频繁开、停造成的能耗增加和机器寿命的衰减，实现了高效节能。直流变速空调采用高效数字直流调速压缩机及数字电动机，比交流变频空调更先进，它以数字转换电路替代交流转换电路，使压缩机始终处于最佳运行状态。数字直流变速摒弃了交流变频技术的"交流→直流→交流→变转速方式交流电动机"的循环工作方式，采用先进的"交流→直流→变转速方式数字电动机"控制技术，减少了电流在工作中的转换次数，使电能转化效率提高，能够实现精确控制，平稳、安静、高效地运转。数字直流变速空调可以将环境的模拟信号转换成数字信号，控制压缩机和风机的转速，可使温控精确到±0.5℃范围内。但是直流变速空调的成本比交流变频高，售价也相对比价高。

三、家用空调主要节能措施

家用空调是所有家用电器中耗电量最大的一种，其年耗量约占家庭年耗电量的30%，因此家用空调节电在家庭节电中有举足轻重的作用。家用空调节电应从选购、安装、使用和维护等多方面入手。

（一）家用空调的选购

依据家庭实际使用情况正确选购家用空调是节电的首要环节，在选购家用空调时应该考虑以下因素：

（1）根据房间的大小选择适当机型和适当功率的空调。一般情况下，空调制冷/热量与房间面积有如下关系，即

$$制冷量＝（140～180）W×房间面积$$
$$制热量＝（180～240）W×房间面积$$

如果房屋层高大于2.5m或为顶层或西晒，则应适当加大功率。此外，房间的朝向、冷墙面积、窗墙比等也是需要考虑的因素，综合这些因素，选择相应功率的上限或下限。同时，在节能型建筑条件下，可适当降低家用空调的功率。

（2）选择高能效比的空调。能效比（EER）是指制冷量与制冷功率的比值。它是衡量家用空调效率最重要的指标，同一功率的空调，其EER值越高则空调效率越高，即越省电。根据测算，EER每提高0.1，即可节省电约4%。因此，应尽量选择高能效比的家用空调。

（3）选择有定温、定时及睡眠功能的空调器。定温功能可以根据外界气温设定房间温度，避免空调无效运转；定时功能可以及时开、断空调，避免了在无人状态下的运行，节省了电能；睡眠功能使空调在运行一段时间后，逐步提高设定温度，风扇低速运转，一方面使人体更舒适，另一方面也更节电。

（4）选择交流变频或直流变速空调。变频空调初启动时，压缩机电动机高速运转，使得房间温度迅速达到设定温度，随后压缩机转速和风机转速逐步自动平稳下降，维持室温在设定温度的±0.5℃范围内。当压缩机低速运转时耗电量大幅下降，因其避免了压缩机的频繁启动，交流变频或直流变速空调可以比定速空调节电30%～45%，且空调连续运行时间越长越省电。

（二）家用空调的安装

家用空调在安装时要注意以下方面：

（1）确保室外机通风良好。要求空调器室外机排风口50cm以内无障碍物，保持排气畅通无阻，避免因气流受阻而影响空调器的工作效率；室外机尽可能不要安装在阳光可以直射的地方；装设高度宜距地面75cm以上，避免灰尘污染散热器，影响效率，增加功耗；室外机不宜装设遮阳篷，更有利于热量的散发。

（2）室内机与室外机的连接管尽可能短，且避免过多弯曲。连接管太长或者弯曲过多会影响制冷剂的热移动，使制冷效率降低。

（三）家用空调的使用和维护

家用空调在使用和维护时要注意以下几点：

（1）增加密封性。

（2）提高隔热效果。

（3）温度设定适宜。

（4）增大空气流通。

（5）避免热源。

（6）调整叶片方向（制冷时叶片向下，制热时叶片向上）。

（7）及时补充制冷剂。

（8）及时清洗空调器室内机滤网和室外机散热器。

第二节　家用电冰箱节能

一、家用电冰箱构造

电冰箱的构造与空调构造相似，包括压缩机、冷凝器、冷媒控制器、蒸发器四个基本组件，再配合控制装置及外箱保温隔热层组合而成。压缩机类似于电冰箱的"心脏"，它将低压、低温气态制冷剂压缩成高压、高温的气态制冷剂，经冷凝器冷却成高压、中温的液态制冷剂，再通过冷煤控制器降压为低压、中温的液态制冷剂，使制冷剂能够在蒸发器中吸热，蒸发为低温气态制冷剂。此时制冷剂吸收的是电冰箱里的热量。由于冰箱内空气放热而使箱内温度降低，从而达到制冷的目的。

电冰箱的能效指数 η 是衡量其能源效率等级的唯一指标，计算公式为

$$\eta = (实测耗电量/耗电量限定值) \times 100\%$$

二、家用电冰箱种类

按电冰箱制冷方式可以分为直冷式电冰箱、风冷式电冰箱、直冷风冷式电冰箱以及变频式电冰箱。

（一）直冷式电冰箱

直冷式电冰箱，又称自然对流式电冰箱，这种电冰箱的冷冻室与冷藏室各有一个蒸发器，其中冷冻室的蒸发器容易结霜，因此需要定期除霜。

（二）风冷式电冰箱

风冷式电冰箱，又称强制对流式电冰箱，它只有一组蒸发器，用风扇将冷空气分别吹进冷冻室及冷藏室，这种冰箱一般被称为无霜电冰箱。风冷式电冰箱由于带有风机，因此其耗电量较同容积直冷式电冰箱高出 15%～20%。但这种冰箱保鲜性能较好，箱内温度均匀。

（三）直冷风冷式电冰箱

直冷风冷式电冰箱是集直冷式和风冷式两种制冷方式于一体，因而兼有快速冷冻和无霜的优点。

（四）变频式电冰箱

近年来市场上出现的变频式电冰箱采用变频压缩机，可以实现无级变速，根据冰箱的实际需要自动调节转速。当箱内食品多、温差大、环境温度高时，压缩机高速运转，在短时间

内达到要求的温度。反之，压缩机将减速运转。同时，转速的平滑过渡，避免了压缩机频繁启动，实现了节能，也有效地降低了启动噪声，延长了使用寿命。

三、家用电冰箱主要节能措施

（一）家用电冰箱的选购

优先选购节能型电冰箱。以常用 200 升的家用电冰箱为例，一般普通冰箱每天耗电近 1kWh，若使用变频式或者高效节能电冰箱，每天耗电仅为 0.4～0.5kWh，节电率达 50%～60%。电冰箱一般使用寿命为 10～15 年，在寿命内节能型冰箱比非节能型冰箱节电约 2000kWh。

（二）家用电冰箱的安装

（1）选择合适的摆放位置。电冰箱摆放位置应避免阳光直晒，避开炉灶等热源。

（2）确保一定的散热面空间。其散热面周围应至少保留 15cm 左右的空间，以确保冰箱良好的通风散热环境，提高制冷效率。

（三）家用电冰箱的使用和维护

（1）正确使用温控开关。温控开关不可长时间处于强冷或极冷的位置，避免增加耗电量。一般来说，夏季将温控开关调至"4"或最高挡，冬季调至"1"或"2"，这样也可以减少启动次数，节约用电。

（2）确保密封性能良好。电冰箱门上的橡胶条应保持闭合严密，磁性良好。否则，冰箱门上的缝隙将增加 5%～15% 的耗电量。

（3）限制食物的存储容量。一般食物存储不宜超过冰箱容积的 80%，以保证冰箱内留有足够的冷空气循环空间。热的食物应待其冷却后再放入冰箱。

（4）及时定期除霜。积霜超过 6mm 时即应除霜，以免影响制冷效率。直冷式冰箱除霜时，采用停电开门使其自然融化，以节省电能。

（5）尽量减少开门次数和缩短开门时间。在室温为 20℃ 的情况下，每天若增加 10 次开门次数，则可能增加 3% 的耗电量；在室温为 30℃ 的情况下，每延长 10s 的开门时间，则会增加 3%～4% 的耗电量。

第三节　家用电热水器节能

一、家用电热水器概念及种类

以电作为能源进行加热的热水器称为电热水器。是与燃气热水器、太阳能热水器相并列的三大热水器之一。电热水器按加热功率大小可分为储水式（又称容积式或储热式）、即热式、速热式（又称半储水式）三种。

（一）储水式电热水器

储水式电热水器加热原理实际上与电炉烧开水是一个原理，即利用电能使电热丝或陶瓷加热管发热产生热能，将储水罐中的水加热到设定的温度，然后在储水罐中保温，方便使用，是第一代电热水器。储水式电热水器储水灌容积一般为 50～150L，功率一般为 1000～2000W，也有小容量的电热水器容积为 10～15L，功率为 700～800W。

（二）即热式电热水器

即热式电热水器是通过机器内速热型的发热体（导管）急速加热，瞬间升温，使进入机器的冷水在流经导热管后几十秒内加热至用户设定温度，供用户使用，是第二代热水器。即热式电热水器的特点是即开即热，几乎没有热损耗，无需等待；使用及操作简单；体积小，安装灵活；不排放废气，安全环保。但是即热式电热水器功率达 4000～6000W 甚至更高，工作电流达 18～27A，高于我国一般家庭 15A 的用电容量。

（三）速热式电热水器

速热式热水器是通过内胆，内胆里有加热管，因为功率大，内胆小，所以可以达到速热的效果。速热式电热水器是继储水式电热水器和即热式电热水器之后的第三代电热水器产品。它不仅彻底摒弃了前两代热水器的功能缺陷，还完美融合和提升了它们的优点，充分满足了用户在沐浴过程中的舒适度和满意度。速热式的体积小、容量小（20L 以内）、安装条件低（普通家庭 2.5m² 线路即可安装）、出水量大、加热迅速、使用过程中不受天气影响，而且无使用人数的限制。

二、家用电热水器主要节能措施

（一）电热水器的选择

根据家庭成员人数及生活习惯，选择合适的热水器。三种热水器分别具有不同的特点，储水式电热水器采用低功率加热管，每次预热时间往往为 1h 或以上，漫长的等待，给用户带来了诸多不便。尽管储水式电热水器的加热技术不断改变，仍然无法突破长时间预热的毛病；即热式电热水器功率大、工作电流高，因此须使用单独电源线路和专用插座、插头，避免发生安全事故。即热式电热水器耗电量＝额定功率×时间；速热式的体积小、容量小、安装条件低、出水量大、加热迅速、使用过程中不受天气影响，而且无使用人数的限制。

（二）电热水器的使用

（1）长时间不用关闭热水器。如果长时间不使用，关闭热水器电源。避免反复加热及保温所耗电能。

（2）尽量使用小花洒。过大的花洒会造成热水的浪费。在洗澡时间一定的情况下，使用小花洒更省水省电。

（3）夏季调低热水器温度。夏天的自来水温较高，可将热水器温度调至 45℃ 左右即可满足使用。

第四节　家用电炊具节能

一、家用直热式电炊具

（一）家用直热式电炊具种类

常用的家用直热式电炊具有电饭锅和电水壶。

1. 电饭锅

电饭锅是利用发热板在铝质锅的底部加热煮饭。发热板内有电热线，电热线由自动开关控制。发热板中央有一圆孔，孔内有一感温软磁，它借助弹簧向上顶贴着锅底。在 100℃ 或以下时，感温软磁可以被永磁铁吸引，当温度升至 103℃ 时，则失去磁性，不再受永久磁铁吸引，从而使电饭锅处于保温状态。一般家庭使用的电饭煲功率多在 400～800W。

2. 电水壶

电水壶是利用电热管将水加热，电热管位于电水壶内部。由于电热管功率较大，一般在 1200~2000W 之间，所以烧水时间特别快。目前，市场上常用的电水壶外壳材料有不锈钢和塑料两种。不锈钢电水壶容量较大，适宜人口较多的家庭使用，但不锈钢导热系数大，散热较快，因此相对而言耗电比塑料电水壶稍大。塑料水壶导热系数小，加热时散热少，耗电相对较少。而且塑料水壶都带有沸腾自动切断电源的功能，且塑料本身也绝缘，因此比不锈钢热水壶更安全，没有漏电、干烧之虞，但其容量小，适合于人口较小的家庭使用。

(二) 家用直热式电炊具节能措施

(1) 选择适当功率的电饭锅，一般三口之家选用 400~600W 的电饭锅，4~6 人可选用 800~1000W 的电饭锅。

(2) 电饭锅电热盘表面与锅底应保持洁净，以提高传热效率，减少耗电量。

(3) 电饭锅在煮饭前先把米浸泡 10min 左右，可缩短煮熟时间，减少耗电量。

(4) 充分利用电饭锅的余热，煮饭时，沸腾后断电 7~8min，然后再重新通电，开始吃饭时再切断电源。

(5) 热水煮饭可以加快煮熟的速度，可以省电。

(6) 电水壶在使用过程中应保持加热管的清洁，防止结垢以增加耗电量。

二、家用电磁加热炊具

(一) 家用电磁加热炊具种类

常用的家用电磁加热炊具有电磁炉和微波炉。

1. 电磁炉

电磁炉利用磁场感应电流的原理，使炉面上的铁质锅底产生环形涡流，涡流带来过低分子极速振动发热从而加热食物。电磁炉是直接让锅底生热，这就减少了能量在传递中的损耗，节约了能源和开支。由于热损耗小，因此在相同的时间内，食物得到的热量更多，熟得更快。一旦拿开铁锅，无法形成涡流，面板也就不会发热，安全可靠性更高。电磁炉的热效率高达 80%~95%。使用高效电炊具即可节约时间，也节省了家庭能源消费支出。

2. 微波炉

微波炉是一种高频率、短波长的无线电波，微波本身并不发热，然而当微波使食物中的水分、脂肪、糖类及蛋白质等极性分子高速摩擦的时候，便会产生热量。微波使食物中的极性分子在一种高速频率下振动（约为每秒 24 亿 5 千万次），这种极速的分子振动使食物中的分子自行产生热量来煮熟食物。微波炉正是利用这一原理来烹饪食物的。

(二) 家用电磁加热炊具节能措施

(1) 电磁炉的节电措施。目前市场上电磁炉的功率一般为 1000~1800W，而且可以分为若干火力挡，对于电磁炉可从以下几方面节电。用铁质、不锈钢或者铁质搪瓷平底锅，大小为 18~24cm 为宜；根据烹饪食物的数量和种类，选择适当的功率和时间；停用时，应切断插座开关以减少能耗。

(2) 微波炉的节电措施。微波炉烹饪食物的用电量主要取决于加热食物的多少和干湿度，对于微波炉可以从以下几个方面节电。微波炉通风口处宜留有 10cm 左右的空隙，保证其通风良好；根据食物的数量和种类选择微波炉的火力挡位，少量食物以中火或低火为宜，用微波炉解冻宜用低火；食物保持水分加热速度更快，从而省电；食物应放在托盘中央，中央部分比周围受热更快；停用时，应切断插座开关，以减少能耗。

第五节 家用洗衣机节能

一、家用洗衣机种类

目前，市场上家用洗衣机品种繁多，按结构形式，可分为单桶、双桶、多桶型洗衣机；按自动化程度，可分为半自动型洗衣机和全自动型洗衣机，其中半自动型洗衣机又分为半自动单筒型和半自动双筒型；按洗涤方式和工作原理，可分为波轮式洗衣机、滚筒式洗衣机和搅拌式洗衣机，滚筒式洗衣机又分为前装式滚筒和顶装式滚筒。

（一）波轮式洗衣机

波轮式洗衣机是由电动机带动波轮转动，衣物随水不断上、下翻滚。波轮式洗衣机工作原理是依靠装在洗衣桶底部的波轮正、反旋转，带动衣物上、下、左、右不停地翻转，使衣物之间、衣物与桶壁之间，在水中进行柔和地摩擦，在洗涤剂的作用下实现去污清洗。

波轮式洗衣机的优点是操作方便，即使是老年人，也能轻松使用；如果在洗涤过程中发现有衣服遗落，可以随时添加；波轮洗衣机相对于普通滚筒洗衣机来说省电。

波轮式洗衣机的缺点是用水量太大，衣物缠绕现象以及磨损更严重。一些羊毛、羊绒、真丝等材质的衣物不适宜波轮洗衣机。

（二）滚筒式洗衣机

滚筒洗衣机是由不锈钢内桶，机械程序控制器，经过磷化、电泳、喷涂三重保护的外壳和两块笨重的水泥块用于平衡滚筒旋转时产生的巨大离心力做重复运动，加上洗衣粉和水的共同作用使衣物洗涤干净。

滚筒式洗衣机具有以下优点：

（1）洗衣效果全面。滚筒洗衣机由微电脑控制，衣物无缠绕、洗涤均匀、磨损率要比波轮洗衣机小 10%，可洗涤羊绒、羊毛、真丝等衣物，做到全面洗涤。也可以加热，使洗衣粉充分溶解，充分发挥出洗衣粉的去污效能。可以在桶内形成高浓度洗衣液，在节水的情况下带来理想的洗衣效果。一些滚筒洗衣机较波轮洗衣机，除了洗衣、脱水外，还有消毒除菌、烘干、上排水等功能，满足了不同地域和生活环境消费者的需求。

（2）使用寿命长。滚筒式洗衣机虽然经过了 80 年的发展历程，但是在结构上没有多大的变化，基本上都是不锈钢内筒，使用机械程序控制器，其外壳经过磷化、电泳和喷漆三重处理工艺，其使用寿命可以达到 15 年，远高于塑料件的波轮式洗衣机使用寿命。

（3）制作精巧紧凑。滚筒式洗衣机的外形美观，结构相对波轮式洗衣机更加精巧、紧凑，一般滚筒式洗衣机的机身是波轮式洗衣机机身体积的一半大小，不但占用空间小，而且安全，方便使用。

（4）节省用水。滚筒式洗衣机都采用了控制水量大小的节水技术，加热洗技术以及雨淋、浸泡、摔打三重洗涤，三维立体式水流等模式和防水溢出功能，不但衣物无磨损，洗净度高，而且水的作用被发挥到了极致，因此能节约用水。一般滚筒式洗衣机洗涤 5kg 衣物的标准用水为 50L，仅为波轮式洗衣机的 1/3。

滚筒式洗衣机具有以下缺点：

（1）耗时。传统的滚筒洗衣机具有耗时这一缺点，时间一般在一小时左右。

（2）添加衣物不便。老式的滚筒洗衣机一旦关上门，洗衣过程中无法打开，添加衣物不方便。新式的洗衣机具有中途添衣功能。

（3）耗电。相对于其他类型洗衣机，滚筒洗衣机更加消耗电量。不过，市场中的变频技术可以缓解耗电的劣势。

（4）稳定。由于滚筒洗衣机的特别洗衣原理，它的体重远远高于波轮洗衣机，不易被移动，位置更需固定。

（三）搅拌式洗衣机

搅拌式洗衣机是利用内筒中央的一个搅拌棒和几片搅拌翼，能够保持 360°之内依据不同衣物质地、脏污程度、洗涤物质量等或快或慢地来回旋转，将衣物搅在怀中来回揉搓，彻底清除污渍。因此，搅拌式洗衣机具有不缠绕、不磨损、省电、洗涤力强等诸多优点，兼具波轮式与滚筒式的优点，并且克服了两者的不足。

二、变频技术在家用洗衣机应用

变频洗衣机最先由日本三菱公司推出，随后新西兰的厂商也推出了变频搅拌式洗衣机，目前欧洲和日本正在研制变频滚筒式洗衣机。

变频洗衣机有三大特点：

（1）提高洗涤效果。洗衣机采用变频电动机以后，其洗涤、脱水速度可调，可以针对不同质地的衣物确定不同的洗涤、脱水速度，从而使衣物的洗净率和磨损率达到最佳效果。

（2）节能。一般洗衣机电动机效率仅为 40%～50%，而变频洗衣机的效率可达到 80%以上，节约了能源。

（3）降低噪声。变频电动机的电磁噪声要小于单相感应电动机，同时改机械传动机构为直接驱动方式，减少了机械传动的噪声。

三、家用洗衣机主要节能措施

家用洗衣机的主要节电措施如下：

（1）洗衣机的耗电量取决于电动机的使用功率和使用时间的长短。非变频调速洗衣机的电动机的功率是固定的，因此，恰当减少洗涤时间就能节电。

（2）在经济允许的条件下，尽可能选择更节能的变频调速洗衣机。

（3）选择购买能效等级高的节能型洗衣机，1级为最高等级，5级为最低等级。

（4）先浸泡，再洗涤去污效果更好，同时缩短了洗衣机运转时间，实现节能。

（5）调节适当的水量，过多过少都不宜。

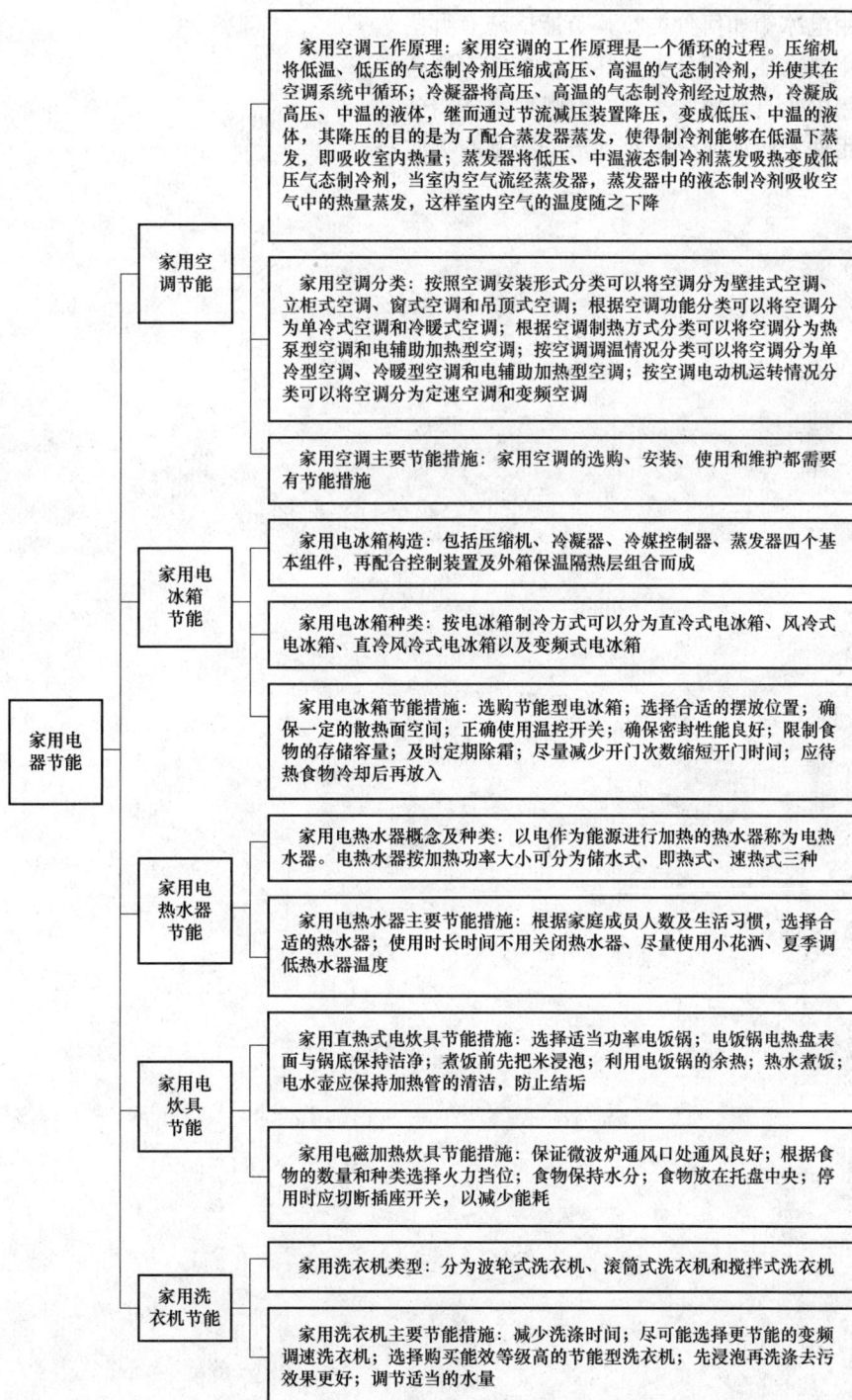
小　　结

家用电器节能

家用空调节能

家用空调工作原理：家用空调的工作原理是一个循环的过程。压缩机将低温、低压的气态制冷剂压缩成高压、高温的气态制冷剂，并使其在空调系统中循环；冷凝器将高压、高温的气态制冷剂经过放热，冷凝成高压、中温的液体，继而通过节流减压装置降压，变成低压、中温的液体，其降压的目的是为了配合蒸发器蒸发，使得制冷剂能够在低温下蒸发，即吸收室内热量；蒸发器将低压、中温液态冷剂蒸发变成低压气态制冷剂，当室内空气流经蒸发器，蒸发器中的液态制冷剂吸收空气中的热量蒸发，这样室内空气的温度随之下降

家用空调分类：按照空调安装形式分类可以将空调分为壁挂式空调、立柜式空调、窗式空调和吊顶式空调；根据空调功能分类可以将空调分为单冷式空调和冷暖式空调；根据空调制热方式分类可以将空调分为热泵型空调和电辅助加热型空调；按空调调温情况分类可以将空调分为单冷型空调、冷暖型空调和电辅助加热型空调；按空调电动机运转情况分类可以将空调分为定速空调和变频空调

家用空调主要节能措施：家用空调的选购、安装、使用和维护都需要有节能措施

家用电冰箱节能

家用电冰箱构造：包括压缩机、冷凝器、冷媒控制器、蒸发器四个基本组件，再配合控制装置及外箱保温隔热层组合而成

家用电冰箱种类：按电冰箱制冷方式可以分为直冷式电冰箱、风冷式电冰箱、直冷风冷式电冰箱以及变频式电冰箱

家用电冰箱节能措施：选购节能型电冰箱；选择合适的摆放位置；确保一定的散热面空间；正确使用温控开关，确保密封性能良好；限制食物的存储容量；及时定期除霜；尽量减少开门次数缩短开门时间；应待热食物冷却后再放入

家用电热水器节能

家用电热水器概念及种类：以电作为能源进行加热的热水器称为电热水器。电热水器按加热功率大小可分为储热式、即热式、速热式三种

家用电热水器主要节能措施：根据家庭成员人数及生活习惯，选择合适的热水器；使用时长时间不用关闭热水器、尽量使用小花洒、夏季调低热水器温度

家用电炊具节能

家用直热式电炊具节能措施：选择适当功率电饭锅；电饭锅电热盘表面与锅底保持洁净；煮饭前先把米浸泡；利用电饭锅的余热；热水煮饭；电水壶应保持加热管的清洁，防止结垢

家用电磁加热炊具节能措施：保证微波炉通风口处通风良好；根据食物的数量和种类选择火力挡位；食物保持水分；食物放在托盘中央；停用时应切断插座开关，以减少能耗

家用洗衣机节能

家用洗衣机类型：分为波轮式洗衣机、滚筒式洗衣机和搅拌式洗衣机

家用洗衣机主要节能措施：减少洗涤时间；尽可能选择更节能的变频调速洗衣机；选择购买能效等级高的节能型洗衣机；先浸泡再洗涤去污效果更好；调节适当的水量

思 考 题

1. 家用空调如何分类？其节能措施有哪些？
2. 家用电冰箱如何分类？其节能措施有哪些?
3. 家用热水器如何分类？其节能措施有哪些?
4. 家用电炊具有哪些类型？有哪些节能措施？
5. 家用洗衣机如何分类？其节能措施有哪些?

第八章　集中空调系统节能

【学习目标】

(1) 掌握集中空调系统含义和优点。
(2) 掌握集中空调系统节能措施。

【内容提要】

集中空调系统因采用了对空气集中处理和输配，易于集中管理和运行，可达到高度自动化控制，适用于大型公共建筑内的空调系统，应用非常广泛。本章主要讲述集中空调系统概述、集中空调系统节能措施等。

第一节　集中空调系统概述

一、集中空调系统含义

集中空调系统就是对空气（包括室外新鲜空气和室内回风）集中进行过滤、加热（冷却）、加湿（减湿）等处理，然后再通过风道送至各空调房间。因空调房间全部冷热负荷均由被处理后的空气负担又可称为全空气系统。

集中空调系统因采用了对空气集中处理和输配，易于集中管理和运行，可达到高度自动化控制，适用于大型公共建筑内的空调系统，尤其对有较大建筑面积和空间的公共场所和人员较多的建筑内，如大型商场、车站候车厅、候机厅、影剧院等，宜采用集中空调系统。

二、集中空调系统优点

集中空调系统和分散式空调相比较，具有很多优点。具体如下：

(1) 集中空调的效果更好。集中空调系统可做到每室均有管道式串调送回风口或风机盘管送回风口，实现夏季供冷、冬季供暖和春秋季通风换气的全年性空调效果。

(2) 集中空调房间空气新鲜度更高。集中空调能保证向房间输送新风，使房间始终保持空气清新、卫生，分散式空调难以确保空调房间空气的新鲜度。

(3) 集中空调运行费用低。集中空调制冷站可直接控制制冷机的开停时间和冷量大小，并根据气候变化进行调整，以节约运行电费。而分散式空调运行电费一般大于集中空调，而且难以进行各分散房间的统一控制。

(4) 集中空调故障少，好维修。对集中空调系统来讲，无论是空调机组和送回风道系统，还是房间风机盘管和新风系统，均不易发生故障，而且制冷设备设在制冷站内，便于维修。分散式空调的分体空调遍布在建筑物各处，制冷压缩机不仅数量多而且多数悬挂于外墙上，出了故障维修难度较大。

第二节　集中空调系统节能措施

一、集中空调系统设备节能措施

集中空调系统中的设备节能主要是对冷水机组、风机盘管、水泵、风机等的节能，其具体的节能维修养护内容如下：

（一）冷水机组节能维护保养

冷水机组是把整个制冷系统中的压缩机、冷凝器、蒸发器、节流阀等设备以及电气控制设备组装在一起，提供冷冻水的设备。

1. 压缩机的检查和保养

每年对压缩机进行一次检测和保养。检查保养内容如下：

（1）检查压缩机的油位、油色，如油位低于观察镜的1/22位置，则应查明漏油的原因并排除故障后再充注润滑油，如油已变色则应彻底更换润滑油。

（2）检查制冷系统内是否存有空气，如有则应排放。

（3）检查压缩机和各项参数是否在正常范围内，并检查压缩机运转时是否有异常的噪声和振动，检查压缩机是否有异常的气味。

（4）通过各项检查确定压缩机是否有故障，视情况进行维修、更换。

2. 冷凝器和蒸发器的清洁保养

对于设有冷却塔的水冷式制冷机中的冷凝器、蒸发器，每半年进行一次清洁养护。清洗时，先配制10%盐酸溶液（每1kg酸溶液里加0.5kg缓蚀剂）或用现在市场上使用的一种电子高效清洗剂、杀菌清洗，剥离水垢一次完成，并对铜铁无腐蚀。拆开冷凝器、蒸发器两端进、出水阀封闭，向里注清洗液，酸洗时间为24h，也可用泵循环清洗，时间为12h，酸洗完后用1%的氢氧化钠溶液清洗15min，最后用清水冲洗3遍，全部清洗完毕，检查是否漏水，若不漏水则重新装好，若阀胶垫老化，则需更换。

3. 其他设备的检查

检查螺钉、螺栓、螺母及接头紧密性，适当紧固，以消除振动，防止泄漏。

（二）风机盘管节能维护保养

1. 日常维护保养

（1）温控开关动作不正常或控制失灵，要及时修理或更换。

（2）电磁阀开关的动作不正常或控制失灵要及时进行修理或更换。

（3）每三个月清洗一次空气过滤网。

（4）水管接头或阀门漏水要及时进行修理或更换。

（5）接水盘、水管、风管绝热层损坏要及时进行修补或更换。

（6）及时排除风机盘管内积存的空气。

2. 定期维护保养

（1）每半年对风机盘管进行一次清洁、维护保养，如果风机盘管只是季节性使用，则在使用结束后进行清洁保养。

（2）清洁维护保养的内容包括吹吸、清洗空气过滤网，冲刷、消毒接水盘，清洗风机风叶、盘管上的污物；盐酸溶液清洗盘管内壁的污垢；清洁风机盘管的外壳；盘管肋片有压倒的用驰梳梳好。

（3）检查风机转动是否灵活，如果转动中有阻滞现象，则应加注润滑油；如有异常的摩擦响声应更换风机的轴承。

（4）对于带动风机的电动机，用 500V 绝缘电阻表检测绕组绝缘电阻，应不低于 0.5MΩ，否则应做干燥处理或整修更换，检查电容是否变形，如变形则应更换同规格电容，检查各接线头是否牢固。

（5）拧紧所有的紧固件。

3. 停机使用时的维护保养

（1）风机盘管不使用时，盘管内要保证充满水，以减少管道腐蚀。

（2）在冬季不使用的盘管，且无供暖的环境下要采取防冻措施，以免盘管冻裂。

（三）水泵节能维护保养

1. 日常维护保养

（1）及时处理日常巡检中发现的水泵运行问题。

（2）及时向水泵轴承加润滑油。

（3）及时压紧或更换轴封。

2. 定期维护保养

（1）使用润滑油润滑的轴承每年清洗、换油一次；采用润滑脂润滑的轴承，在水泵使用期间，每工作 2000h 换油一次。

（2）每年对水泵进行一次解体的清洗和检查、清洗泵体和轴承，清除水垢，检查水泵的各个部件。

3. 停机时保养

水泵停用期间，环境低于 0℃时，要将泵内的水全部放干净，以免水的冻胀作用胀裂泵体。

（四）风机节能维护保养

1. 日常维护保养

及时处理日常巡检中发现的风机运行问题。

2. 定期维护保养

（1）连续运行的带传动风机，每月应停机检查，调整一次皮带的松紧度，间歇运行的风机，在停机不用期间一个月进行一次检查调整。

（2）检查、紧固风机与基础或机架、风机与电动机，以及风机自身各部分连接松动的螺栓、螺母。

（3）调整、更换减振装置。

（4）常年运行的风机，每半年更换一次轴承的润滑脂，季节性使用的风机，每年更换一次轴承的润滑油。

二、集中空调系统内部系统节能措施

集中空调系统内部系统节能措施主要包括水系统、风系统管道和阀门系统、空调测控系统的维护保养。

（一）水系统节能维护保养

水系统的节能维护保养包括冷冻水、冷却水和凝结水管系统的管道和阀门的维护保养。

1. 日常维护保养

（1）及时修补水系统破损和脱落的绝热层、表面防潮层及保护层，更换胀裂、开胶的绝热层或防潮层接缝的胶带。

（2）及时封堵、修理和更换漏水的设备、管道、阀门及附件。

（3）及时疏通堵塞的凝结水管道。

（4）及时检修动作不灵敏的自动动作阀门和清理自动排气阀门的堵塞。

2. 定期维护保养

（1）每半年对冷冻（热）水管道、冷却水管、凝结水管系统管道和阀门进行一次维护保养。具体的维护保养内容如下：

1）修补或重做水系统管道和阀门处破损的绝热层、表面防潮层及保护层；更换胀裂、开胶的绝热层或防潮层接缝的胶带；

2）从结水盘排水口处用加压清水或药水冲洗凝结水管路；

3）检查修理或更换动作失灵的自动动作阀门，如止回阀和自动排气阀。

（2）每三个月清洗一次水泵入口处的水过滤器的过滤网，如破损要更换。

（3）每半年对集中空调系统的水系统所有阀类进行一次维护保养，进行润滑、封堵、修理、更换。

（二）风系统管道和阀门系统节能维护保养

（1）每三个月修补一次风系统破损和脱落的绝热层、表面防潮层及保护层，更换胀裂、开胶的绝热层或防潮层接缝的胶带。

（2）每三个月对送、回风口进行一次清洁和紧固，每两个月清洗一次带过滤网的风口的过滤网。

（3）每三个月对风系统的风阀进行一次维护保养，检查各类风阀的灵活性、稳固性和开启准确性，进行必要的润滑和封堵。

（三）空调测控系统节能维护保养

（1）及时修理或更换动作不正常或控制失灵的温控开关。

（2）及时维修或更换损坏的中央空调系统的压力表、流量计、温度计、冷（热）量表、电表、燃料计量表（煤气表、油表）等计量仪表，缺少的应及时增设。

（3）每半年对控制柜内外进行一次清洗，并紧固所有接线螺钉。

（4）每年校准一次检测器件（温度计、压力表、传感器等）和指示仪表，达不到要求的更换。

（5）每年清洗一次各种电气部件（如交流接触器、热继电器、自动空气开关、中间继电器等）。

小　结

思 考 题

1. 什么是集中空调系统？它具有什么优点？
2. 试阐述集中空调系统主要节能措施。

第九章　电动机系统节能

──【学习目标】──

(1) 掌握电动机系统定义及组成。
(2) 掌握电动机含义与分类。
(3) 掌握异步电动机、同步电动机和直流电动机的构成。
(4) 掌握电动机节能措施。
(5) 掌握高效电动机含义。
(6) 掌握调速作用与措施。
(7) 了解被拖动负载节能。

──【内容提要】──

我国各类电动机总容量约 5 亿 kW，用电量约占全国总用电量的 60%。我国电动机系统的能源利用率比国际先进水平低 10%～30%，节能潜力较大。本章主要讲述电动机系统、电动机节能、调速节能、被拖动负载节能等。

第一节　电动机系统

一、电动机系统定义

电动机系统是指以电动机拖动方式运行，由电源装置、电动机、调节子系统、负载子系统等有机组成的机电系统。这里的电动机拖动方式是指以电动机为原动机拖动生产机械运动的一种拖动方式，也称为电气拖动或电气传动。利用电动机拖动可以实现电能与机械能之间的相互转换。

二、电动机系统组成

电动机系统是将电能转换为机械能的能量转化系统，主要包括电动机、调速控制装置、被拖动负载三大部分。

(1) 电动机。电动机主要由定子、转子及其他附件组成。它被广泛地作为风机、水泵及其他拖动传送等设备的动力。

(2) 调速控制装置。主要包括功率开关和控制元件。

(3) 被拖动负载。主要包括泵、风机等。

第二节　电动机节能

一、电动机含义与分类

(一) 电动机含义

电动机是把电能转换成机械能的一种设备。它是利用通电线圈（也就是定子绕组）产生旋转磁场并作用于转子（如鼠笼式闭合铝框）形成磁电动力旋转扭矩。

（二）电动机分类

电动机按使用电源不同分为直流电动机和交流电动机，电力系统中的电动机大部分是交流电动机，可以是同步电动机或者是异步电动机（电动机定子磁场转速与转子旋转转速不保持同步转速）。

1. 直流电动机

直流电动机是将直流电能转换为机械能的电动机。因其良好的调速性能而在电力拖动中得到广泛应用。直流电动机按励磁方式分为永磁电动机、他励电动机和自励电动机三类。

直流电动机的优点是可以实现平滑而经济的调速；不需要其他设备的配合，只要改变输入或励磁电压电流就能实现调速。缺点是自身结构复杂，制造成本高；维护麻烦，维修成本高。

2. 交流电动机

交流电动机是将交流电能转变为机械能的电动机。交流电动机分为同步电动机和异步电动机。

同步电动机是由直流供电的励磁磁场与电枢的旋转磁场相互作用而产生转矩，以同步转速旋转的交流电动机。

异步电动机又称感应电动机，是由气隙旋转磁场与转子绕组感应电流相互作用产生电磁转矩，从而实现电能转换为机械能的一种交流电动机。

交流电动机的优点是结构简单；制造成本低；维护维修简单经济；工作效率较高；没有烟尘、气味，不污染环境，噪声较小。缺点是自身完成不了调速，需要借助变频设备来实现速度的改变。

由于交流电动机的一系列优点，在工农业生产、交通运输、国防、商业及家用电器、医疗电器设备等各方面广泛应用。

二、电动机构成

（一）异步电动机构成

异步电动机由定子、转子和其他附件构成。

1. 定子

定子是电动机的静止部分，包括定子铁芯、定子绕组和机座。

（1）定子铁芯。定子铁芯的作用是电动机磁路的一部分，并在其上放置定子绕组。定子铁芯的构造一般表面具有绝缘层的硅钢片冲制、叠压而成，在铁芯的内圆冲有均匀分布的槽，用以嵌放定子绕组。

（2）定子绕组。定子绕组的作用是电动机的电路部分，通入三相交流电，产生旋转磁场。定子绕组的构造是由三个在空间互隔120°电角度、对称排列的结构完全相同绕组连接而成，这些绕组的各个线圈按一定规律分别嵌放在定子各槽内。

（3）机座。机座的作用是固定定子铁芯与前、后端盖，以支撑转子，并起防护、散热等作用。机座的构造通常为铸铁件，大型异步电动机机座一般用钢板焊成，微型电动机的机座采用铸铝件。

2. 转子

转子是电动机的旋转部分，包括转子铁芯和转子绕组。

（1）转子铁芯。转子铁芯的作用是作为电动机磁路的一部分以及在铁芯槽内放置转子绕组。其构造是所用材料与定子一样，由0.5毫米厚的硅钢片冲制、叠压而成，硅钢片外圆冲有均匀分布的孔，用来安置转子绕组。通常用定子铁芯冲落后的硅钢片内圆来冲制转子铁芯。一般小型异步电动机的转子铁芯直接压装在转轴上，大、中型异步电动机的转子铁芯则借助于转子支架压在转轴上。

（2）转子绕组。转子绕组的作用是切割定子旋转磁场，产生感应电动势及电流，并形成电磁转矩而使电动机旋转。其构造分为鼠笼式转子和绕线式转子。鼠笼式转子绕组由插入转子槽中的多根导条和两个环形的端环组成。若去掉转子铁芯，整个绕组的外形像一个鼠笼，故称笼型绕组。小型笼型电动机采用铸铝转子绕组，对于100kW以上的电动机采用铜条和铜端环焊接而成。绕线式转子绕组与定子绕组相似，也是一个对称的三相绕组，一般接成星形，三个出线头接到转轴的三个集流环上，再通过电刷与外电路连接，绕线式绕组结构较复杂，其应用不如鼠笼式电动机广泛。

3. 其他附件

（1）端盖。支撑作用。

（2）轴承。连接转动部分与不动部分。

（3）轴承端盖。保护轴承。

（4）风扇。冷却电动机。

（二）同步电动机构成

同步电动机与异步电动机的构成相似，也是包括定子、转子和其他附件三个部分。不同点是同步电动机在转子上加有励磁电流，这个励磁电流一般是外加的，有了这个电流，转子相当于一个电磁铁，这时它的旋转速度和极性与定子就一致，因此，电动机定子磁场转速与转子旋转转速保持同步转速，故称同步电动机。

（三）直流电动机构成

直流电动机主要构成也是定子和转子，定子包括主磁极、机座、换向极、电刷装置等。转子包括电枢铁芯、电枢绕组、换向器、轴和风扇等。特别注意不要把换向极与换向器混淆。因此，直流电动机构成的主要区别是有没有换向器，换向器是用来自动改变绕组中的电流方向，从而使绕组受力方向一致而连续旋转的。而交流电动机的定子就是电磁铁，转子就是绕组，定子和转子是采用同一电源的，所以定子和转子中电流的方向变化总是同步的。

三、电动机节能措施

（一）选用合适的电动机

电动机有许多种类、形式和不同容量，为了适应各种不同用途，要选用合适的电动机。

（1）要掌握电动机所驱动机械的负荷特性，如负荷种类、转矩特性、惯性常数、运行方式、控制方式和使用场所等，选用的电动机特性应与上述负荷特性相吻合。

（2）电动机的负荷为额定负荷的70%～100%时，效率最高；负荷小时，功率因数小，效率低。因此，为了避免电动机长期处于轻负荷运行状态，选择合适容量的电动机。

（3）选择电动机的额定电压，额定电压高的电动机，负荷电流较小，可减少供电线路的功率损耗，但设备价格较高。

（4）选择电动机极数，2极电动机转速高、维护不便、噪声较大，8级以上电动机的效率和功率因数都较低，一般不宜采用。因此，多数选用4极或6极的电动机。

（二）采用高效率电动机

目前所生产的高效率电动机，均使用铁损较小的铁芯材料，并增加绕组导线用量和铁芯材料用量，调整了气隙。这类电动机的价格比普通电动机高，但3～5年的节电效益即可抵偿，使用期越长经济效益越高。高效率电动机的启动转矩相对较小，因此不宜用于频繁启动的场合。在频繁启动的场合，一般使用变极电动机和高电阻鼠笼式电动机。

（三）采用先进的控制方式和控制设备

对控制泵的流量和控制风机的风量，过去采用直接调节阀门和风门的方法，由于机械阻力增加，电动机的电能消耗较大。现在一般通过对电动机调速来实现控制流量和风量，节能效果好，本章第三节将专门讲述调速节能。

（四）加强电动机的运行管理和维修

电动机空载运行时，输出机械功率虽为零，但仍有铁芯损耗和机械损耗以及少量铜损耗。因此，在设计生产工艺以及操作机械时，应尽量减少电动机空载运行时间。电动机在额定电压运行时效率最高，当电压过高或过低时，须采取调压措施，例如调节供电变压器的电压分接头等，使电动机一直处于最佳运行状态。电源电压三相不平衡，也会增加电动机的电能消耗，如发现这种情况，应检查原因，排除故障。用户对电动机的运行情况需定时进行巡视，如发现电动机有问题，应及时维修并保证维修质量，否则将会造成功率损耗增加，甚至电动机损坏。

四、高效电动机

（一）高效电动机含义

对于某一输出功率的电动机，其效率高到何值才为高效，因测试方法、标准各异，不同国家不尽相同。高效率电动机是目前国际发展趋势，美国、加拿大、欧洲相继颁布了有关法规。2012年，我国为加快高效电动机的推广，组织了对GB 18613—2006《中小型三相异步电动机能效限定值及节能评价值》进行修订，GB 18613—2012《中小型三相异步电动机能效限定值及能效等级》于2012年5月11日发布，并于2012年9月1日实施。

电动机能效等级见表9-1。

表 9-1 电动机能效等级

| 额定功率（kW） | 效率（%） | | | | | | | | |
| | 1级 | | | 2级 | | | 3级 | | |
	2极	4极	6极	2极	4极	6极	2极	4极	6极
0.75	84.9	85.6	83.1	80.7	82.5	78.9	77.4	79.5	75.9
1.1	86.7	87.4	84.1	82.7	84.1	81.0	79.6	81.4	78.1
1.5	87.5	88.1	86.2	84.2	85.5	82.5	81.3	82.8	79.8
2.2	89.1	89.7	87.1	85.9	86.7	84.3	83.2	84.3	81.8
3	89.7	90.3	88.7	87.1	87.7	85.6	84.6	85.5	83.3
4	90.3	90.9	89.7	88.1	88.6	86.8	85.8	86.6	84.6
5.5	91.5	92.1	89.5	89.2	89.6	88.0	87.0	87.7	86.0
7.5	92.1	92.6	90.2	90.1	90.4	89.1	88.1	88.7	87.2
11	93	93.6	91.5	91.2	91.4	90.3	89.4	89.8	88.7
15	93.4	94.0	92.5	91.9	92.1	91.2	90.4	90.6	89.7
18.5	93.8	94.3	93.1	92.4	92.6	91.7	90.9	91.2	90.4

续表

额定功率（kW）	效率（%）								
	1 级			2 级			3 级		
	2 极	4 极	6 极	2 极	4 极	6 极	2 极	4 极	6 极
22	94.4	94.7	93.9	92.7	93.0	92.2	91.3	91.6	90.9
30	94.5	95.0	94.3	93.3	93.6	92.9	92.0	92.3	91.7
37	94.8	95.3	94.6	93.7	93.9	93.3	92.5	92.7	92.2
45	95.1	95.6	94.9	94.0	94.2	93.7	92.9	93.1	92.7
55	95.4	95.8	95.2	94.3	94.6	94.1	93.2	93.5	93.1
75	95.6	96.0	95.4	94.7	95.0	94.4	93.8	94.0	93.7
90	95.8	96.2	95.6	95.0	95.2	94.9	94.1	94.2	94.0
110	96.0	96.4	95.6	95.2	95.4	95.1	94.3	94.5	94.3
132	96.0	96.5	95.8	95.4	95.6	95.4	94.6	94.7	94.6
160	96.2	96.5	96.0	95.6	95.8	95.6	94.8	94.9	94.8
200	96.3	96.6	96.1	95.8	96.0	95.8	95.0	95.1	95.0
250	96.4	96.7	96.1	95.8	96.0	95.8	95.0	95.1	95.0
315	96.5	96.8	96.1	95.8	96.0	95.8	95.0	95.1	95.0
355～375	96.6	96.8	96.1	95.8	96.0	95.8	95.0	95.1	95.0

由表 9-1 可知：

（1）电动机能效限定值在额定输出功率的效率不应低于表 9-1 中 3 级的规定。

（2）电动机目标能效限定值在额定输出功率的效率应不低于表 9-1 中 2 级的规定。表 9-1 中 7.5～375kW 的目标能效限定值在本标准实施之日 4 年后开始实施；7.5kW 以下的目标能效限定值在本标准实施之日 5 年后开始实施，并替代表 9-1 中 3 级的规定。

（3）电动机节能评价值在额定输出功率的效率均应不低于表 9-1 中 2 级的规定。

综上所述，对高效电动机的定义可以这样理解：电动机的效率能达到或超过 GB 18613—2012 中的节能评价值的电动机称为高效电动机。

（二）高效电动机适用场合

下列场合可以优先选用高效电动机。

（1）新上项目（设备）应首先考虑选用高效电动机，尤其是在设备订货时，就应要求并在合同中注明制造厂要配用高效电动机，而不能仅满足于设备的性能指标而选用标准电动机。

（2）电动机长期处于非经济运行状态或运行于低负载或过负载状态下，应进行更换电动机的场合。

（3）年运行时间超过 2500h 不经济运行时，随着电价不断上涨，应及时进行成本效益分析，确定用高效电动机更换普通电动机更节约成本的场合。

（4）旧电动机损坏或需要更换的场合。

第三节　调　速　节　能

一、调速作用

电动机系统中由于电动机拖动的负载不同，例如风机、水泵都是流体机械，按照生产和工艺的要求，需要经常调节风量与流量。调节风量和流量有两种解决办法：一是不改变电动机的转速，利用挡板阀门或者放空的办法来调节风量和流量；二是不改变挡板阀门的开度，通过调节电动机转速的方式达到调节风量或流量的目的。一般通过降低电动机转速减少流量所消耗的功率要低得多，因此，通过电动机的调速可以起到节能作用。

二、调速节能措施

（一）直流电动机调速节能措施

直流电动机有三种基本调速方法，即改变电枢回路总电阻、改变电枢供电电压、改变励磁电流。

1. 改变电枢回路总电阻

各种直流电动机都可以通过改变电枢回路电阻来进行调速，当负载一定时，随着串入的外接电阻的增大，电枢回路总电阻增大，电动机转速就降低。这种调速方法为有级调速，调速比一般约为2：1，转速变化率大，轻载下很难得到低速，效率低，故现在已极少采用。

2. 改变电枢供电电压

连续改变电枢供电电压，可以使直流电动机在很宽的范围内实现无级调速。改变电枢供电电压的方法有两种。一种是采用发电机电动机组供电的调速系统，通过改变发电机励磁电流来改变发电机的输出电压，从而改变电动机的转速；另一种是采用晶闸管变流器供电的调速系统，通过调节触发器的控制电压来移动触发脉冲的相位，即可改变整流电压，从而实现平滑调速。

3. 改变励磁电流

当电枢电压恒定时，改变电动机的励磁电流也能实现调速。电动机的转速与磁通成反比，即当磁通减小时，转速升高；反之，则降低。与此同时，由于电动机的转矩是磁通和电枢电流的乘积，电枢电流不变时，随着磁通的减小，转矩相应地减小。所以，在这种调速方法中，随着电动机磁通的减小，其转速升高，转矩也会相应的降低。在额定电压和额定电流下，不同转速时，电动机始终可以输出额定功率，因此这种调速方法称为恒功率调速。

（二）交流电动机调速节能措施

1. 改变极对数调速

通过改变电动机的极对数来改变电动机的转速。

（1）改变极对数调速的优点。

1）无附加转差损耗，效率高；

2）控制电路简单，易维修，价格低；

3）与定子调压或电磁转差离合器配合可得到效率较高的平滑调速。

（2）改变极对数调速的缺点。

1）有级调速，不能实现无级平滑的调速；

2）受到电动机结构和制造工艺的限制，通常只能实现2～3种极对数的有级调速，调速范围相当有限。

2. 定子调压调速

通过改变定子输入电压值来改变电动机转速。

（1）定子调压调速的优点。

1）线路简单，装置体积小，价格便宜；

2）使用、维修方便。

（2）定子调压调速的缺点。

1）调速过程中增加转差损耗，此损耗使转子发热，效率较低；

2）调速范围比较小。

3. 转子串电阻调速

通过改变串接在绕组型转子电路中的电阻值来改变电动机转速。

（1）转子串电阻调速的优点。

1）技术要求较低，易于掌握；

2）设备费用低；

3）无电磁谐波干扰。

（2）转子串电阻调速的缺点。

1）串接电阻只能进行有级调速。若用液体电阻进行无级调速，则维护、保养要求较高；

2）调速过程中附加的转差功率全部转化为所串电阻发热形式的损耗，效率低；

3）调速范围不大。

4. 串级调速

通过改变绕线转子电路中逆变器的逆变角的数值来改变电动机转速。

（1）串级调速的优点。

1）可以将调速过程中产生的转差能量加以回馈利用，调速效率高；

2）调速装置的初始投资比变频调速装置低得多；

3）调速范围小时可以做到平滑无级调速。

（2）串级调速的缺点。

1）调速装置比较复杂；

2）功率因数较低；

3）调速范围比较窄。

5. 电磁转差离合器调速

通过改变电磁离合器的励磁电流来改变电动机转速。

（1）电磁转差离合器调速的优点。

1）结构简单，控制装置容量小，价值便宜；

2）运行可靠，维修容易；

3）无谐波干扰。

（2）电磁转差离合器调速的缺点。

1）速度损失大，因为电磁转差离合器本身转差较大，所以输出轴的最高转速仅为电动机同步转速的 80%～90%；

2）调速过程中转差功率全部转化成热能形式的损耗，效率低。

6. 变频调速

交流电动机最理想的调速方法应该是改变电动机供电电源的频率，这就是变频调速。随着电力电子技术的飞速发展，变频调速的性能指标完全可以达到甚至超过直流电动机调速系统。

（1）变频调速的优点。

1）无附加转差损耗，效率高，调速范围宽；

2）对于低负载运行时间较长或启、停较频繁的场合，可以达到节电和保护电动机的目的。

（2）变频调速的缺点。

1）技术较复杂；

2）价格较高。

第四节　被拖动负载节能

一、泵系统节能

泵是电动机常见的被拖动负载，其主要节能措施有以下几个方面：

（一）合理选型

泵的选型非常重要，选型过大会增加泵的运行成本和维护费用，但实际中由于设计选型要考虑一些安全裕量，因此，泵的选型经常超过实际需要。一般对于选型过大的泵可以采取一些措施降低能源消耗，例如采用更小的叶轮、利用变频技术、适当使用流量控制阀等。

（二）优化管路

优化泵系统的管路需要考虑以下问题：

（1）确定正确的管道尺寸。

（2）合理布置管道系统。

（3）最大限度减少压力损失。

（4）选用低阻力零部件等。

（三）多泵配置

系统负荷的大幅度波动使得单一泵配置不能连续运行在最佳效率点上，使用多个小泵组合运行，这种多泵配置具有灵活、可靠性高等优点。

（四）大小泵配置

多数泵系统都有流量变化大的特点，很多场合，系统正常运行流量和最高负载下的流量之间存在较大差异，单一泵配置通常根据峰值或最大工况选择，这样泵会长期在低效率下运行。因此，系统可以采用大小泵配置，正常工况下使用小泵，最大负载下使用大泵，节能效果显著。

（五）应用变频技术

将变频技术应用到泵系统，可以有效地提高泵及泵系统的运行效率。

二、风机系统节能

风机也是电动机常见的被拖动负载，其主要节能措施有以下几个方面：

（一）减少风机本身损耗

要减少风机本身的损耗，需要采取以下措施：

（1）除湿。

（2）提高风机的绝热效率。

（3）降低进风温度。

（4）防止进气压力降低。

（5）出口压力余量不要太大。

（6）减少迷宫密封的泄漏。

（7）防止叶轮磨损积灰和腐蚀。

（8）采用高效大型机组代替几台小型机组并联。

（二）合理选型

选用风机时应力求风机的额定流量、额定压力接近工艺要求的流量和压力，可以使风机运行在高效区。但实际生产中风机与电动机配套一般不一致，多数选用的风机流量和压力过于富裕，为了使原有不配套的风机高效运行，可以通过车削叶轮、减少级数、更换叶轮等方式进行改造。

（三）加强通风系统节能

风机的通风系统有较大的节能潜力，可以采用以下措施节能：

（1）合理布局管网。

（2）加强管网的密封性。

（3）降低系统阻力。

（4）选择合理的调节方式等。

小　　结

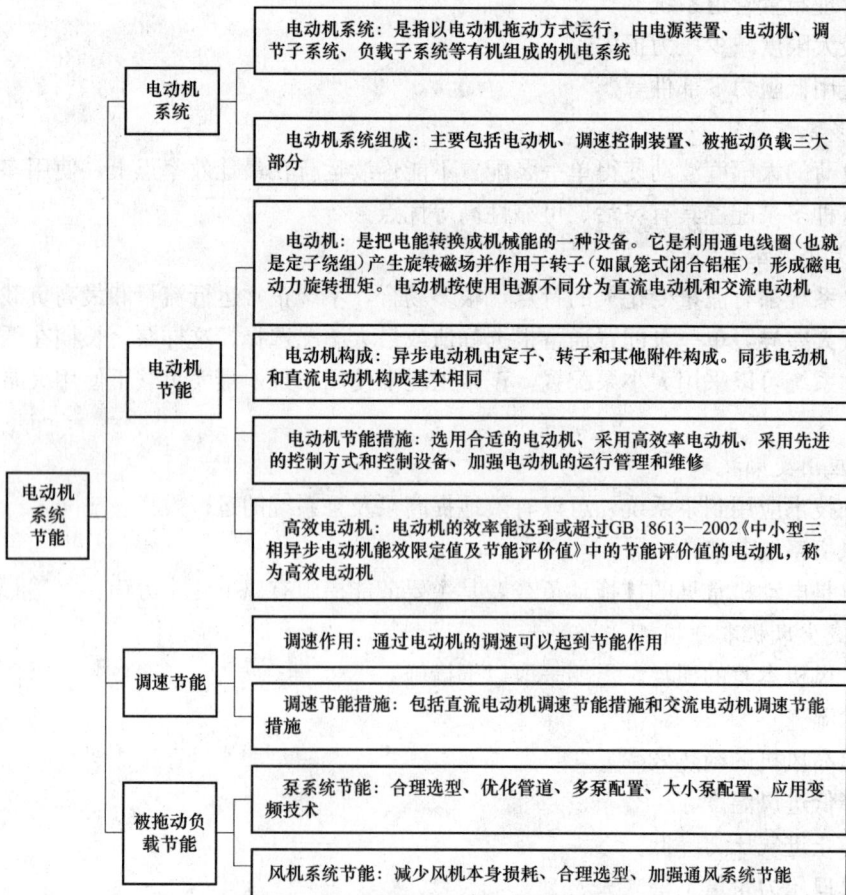

思 考 题

1. 什么是电动机系统？它是如何组成的？
2. 什么是电动机？它是如何构成的？
3. 电动机节能措施有哪些？
4. 高效电动机与普通电动机有什么不同？
5. 分别阐述直流电动机和交流电动机的调速节能措施。
6. 被拖载系统一般指什么？它们分别如何节能？

第十章　无功补偿节能

（1）掌握无功补偿的含义。

（2）了解无功补偿的工作原理和种类。

（3）掌握无功补偿的作用。

（4）掌握无功补偿的常用装置。

（5）掌握无功补偿的主要方式。

（6）了解无功补偿的主要应用场合。

无功补偿是通过一定的补偿装置对电力系统中的无功功率进行补偿。通过无功补偿，可以提高电网的功率因数，降低供电变压器及输送线路的损耗，提高供电效率，改善供电质量。因此，无功补偿是一种重要的节能手段。本章主要阐述无功补偿概述、无功补偿的常用装置、无功补偿的主要方式及无功补偿的主要应用场合。

第一节　无功补偿概述

一、无功补偿的含义

1. 有功功率与无功功率

在交流电路中，由电源供给负载的电功率有两种。一种是有功功率，另一种是无功功率。为了更好地理解无功补偿，需要先了解有功功率和无功功率。

（1）有功功率。有功功率是保持用电设备正常运行所需的电功率，也就是将电能转换为其他形式能量（机械能、光能、热能）的电功率。

（2）无功功率。无功功率用于电路内电场与磁场的交换，并用来在电气设备中建立和维持磁场的电功率。无功功率比较抽象，它不对外做功，而是转变为其他形式的能量。凡是有电磁线圈的电气设备，要建立磁场，就要消耗无功功率。无功功率绝不是无用功率，它的用处很大。例如，电动机需要建立和维持旋转磁场，使转子转动，从而带动机械运动，电动机的转子磁场就是靠从电源取得无功功率建立的。变压器也同样需要无功功率，才能使变压器的一次线圈产生磁场，在二次线圈感应出电压。因此，没有无功功率，电动机就不会转动，变压器也不能变压。

2. 无功补偿的含义

在正常情况下，用电设备不但要从电源取得有功功率，同时还需要从电源取得无功功率。如果电网中的无功功率供不应求，用电设备就没有足够的无功功率来建立正常的电磁场，这些用电设备就不能维持在额定情况下工作，用电设备的端电压就要下降，从而影响用电设备的正常运行。由于从发电机和高压输电线供给的无功功率远远满足不了负荷的需要，所以在电网中要设置一些无功补偿装置来补充无功功率，以保证用户对无功功率的需要，这样用电设备才能在额定电压下工作。

无功功率补偿，简称无功补偿，就是通过一定的补偿装置对电力系统中的无功功率进行补偿。通过无功补偿，可以提高电网的功率因数，降低供电变压器及输送线路的损耗，提高供电效率，改善供电质量。合理地选择补偿装置，可以做到最大限度地减少网络损耗，使电网质量提高。反之，如选择或使用不当，可能造成供电系统电压波动、谐波增大等诸多问题。

二、无功补偿的工作原理

1. 负载的类型

为了更好地理解无功补偿的工作原理，需要先理解负载的类型，在交流电路中，由于交流电的方向周期性的发生改变，所以负载包括纯电阻负载、感性负载和容性负载三种类型，三种负载的性质是不同的。

（1）纯电阻负载。纯电阻负载包括线路、线圈等的电阻性消耗，以及电能转化为机械能用于拖动负载的部分能量。其特点是电流方向和电压方向保持同相位，用于这部分的功率称为有功功率。

（2）感性负载。感性负载是电感特性产生的，如电动机、变压器的励磁电流，就是绕组线圈的电感特性形成的电流，其特点是电流方向滞后于电压方向$90°$。电感电流并不消耗功率，而是"占用"功率，因此称为"无功功率"，一般由电感线圈感抗的大小决定。

（3）容性负载。容性负载和感性负载性质相似，不同之处是电流方向超前电压方向$90°$。因此，一般在电感性负载较大的场所，为了提高功率因数、减少损耗、提高负载能力，并联适当的电容器以用来"抵消"电感对无功功率"占用"的影响，所以出现了容性负载，其作用主要是用来补偿电路的功率因数。

2. 无功补偿的工作原理

在交流电路中，纯电阻负载电流与电压同相位；纯电感负载电流滞后电压$90°$；纯电容负载电流则超前于电压$90°$。也就是说纯电感和纯电容中的电流相位差为$180°$，可互相抵消，因此在电源向负载供电时，感性负载向外释放的能量由并联电容器将能量储存起来；当感性负载需要能量时，再由电容将能量释放出来。这样感性负载所需要的无功功率可就地解决，减少负载与电源间能量交换的规模，减少损耗。

无功补偿的工作原理是把容性负载与感性负载并联在同一电路，当容性负载释放能量时，感性负载吸收能量；而感性负载释放能量时，容性负载却在吸收能量，能量在两种负载之间互相交换。这样，感性负载所吸收的无功功率可在容性负载输出的无功功率中得到补偿，这就是无功补偿的工作原理。

三、无功补偿的种类

无功补偿有很多种类。按补偿的范围划分可以分为负荷补偿与线路补偿，按补偿的性质划分可以分为感性补偿与容性补偿，按补偿的方式划分可以分为串联补偿与并联补偿。

从技术原理上讲无功补偿装置是指在电网中呈感性或容性的元件，由于目前我国中低压电网以架空线路为主，且基本上带感性负载，所以系统所采用的无功补偿装置多数呈容性，也就是说它是由电容器和相应的附属设施组成的。

由于负荷多数集中在配电网络，所以多年来用于无功补偿的电容器组基本上安装在电网的中压侧和低压侧，包括 35、10kV 和 0.4kV 几个电压等级。从运行需要上说，无功补偿装置由电容器组、投切元件、检测及保护元件组成。

四、无功补偿的作用

无功电源与有功电源一样，是保证电能质量不可缺少的部分，在电力系统中应保持无功平衡，否则，将会使系统电压降低、设备损坏、功率因数下降，严重时，会引起电压崩溃、系统解列，造成大面积停电事故。无功补偿可以改善电能质量、降低电能损耗、挖掘发供电设备潜力、减少用户电费支出，是一项投资少、收效快的节能措施。但是在确定无功补偿容量时应注意在轻负荷时要避免过补偿，倒送无功功率势必造成功率损耗增加；另外，功率因数越高，补偿容量减少损耗的作用将变小，通常情况下，将功率因数提高到 0.95 就是合理补偿。

无功补偿具有如下主要作用：

（一）降低电能损耗

电网中的电力负荷如电动机、变压器、日光灯及电弧炉等，大多属于电感性负荷，这些电感性的设备在运行过程中不仅需要向电力系统吸收有功功率，同时还吸收无功功率。因此在电网中安装并联电容器无功补偿设备后，可以提供补偿感性负荷所消耗的无功功率，减少了电网电源侧向感性负荷提供及由线路输送的无功功率。由于减少了无功功率在电网中的流动，所以可以降低输配电线路中变压器及母线因输送无功功率造成的电能损耗。

（二）增加电网的输电能力，提高供配电设备利用率

在电力系统中，如果无功功率被设备占用过多，就相当于电网中大量的电能不能被利用，造成电网效率低下。同时，大量无功功率在电网中来回传送，使得线损大大增加。无功补偿利用电容器与电动机需要的无功功率正好方向相反的原理，就地给电动机提供无功功率。电网的容量可以用来输送更多的有功功率，从而增加电网传输能力。此外，系统采用无功补偿后使无功负荷降低，发电机可少发无功，多发有功，并使负荷电流减少。因此，向负荷传送功率所经过的变压器、开关和导线等供、配电设备都增加了功率储备，提高了供、配电设备利用率。

（三）改善电压质量

无功功率在输电线、变压器中的流动会增加有功功率损耗和无功功率损耗以及电压降落。由于变压器、高压架空线路中电抗值远远大于电阻值，所以无功功率的损耗比有功功率的损耗大，并且引起电压降落的主要因素是无功功率的流动。一般情况下，电力系统中发电机所发的无功功率和输电线的充电功率不足以满足负荷的无功需求和系统中无功的损耗，因此，在负荷中心加装无功功率电源减少了有功损失和电压降落，从而改善电压质量，实现无功功率的就地供应、分区平衡。

（四）节省电费

提高功率因数对企业的直接经济效益是明显的，因为国家电价制度中，从合理利用有限电能出发，对不同企业的功率因数规定了要求达到的不同数值，低于规定的数值，需要多收电费，高于规定数值，可相应地减少电费。可见，提高功率因数对企业有着重要的经济意义。

（五）其他作用

（1）合理地控制电力系统的无功功率流动，从而提高电力系统的电压水平，可以提高电

力系统的抗干扰能力。

（2）在动态的无功补偿装置上，配置适当的调节器，可以改善电力系统的动态性能，提高输电线的输送能力和稳定性。

（3）装设静止无功补偿器（SVC）还能改善电网的电压波形，减小谐波分量和解决负序电流问题。对电容器、电缆、电机、变压器等，还能避免高次谐波引起的附加电能损失和局部过热。

第二节　无功补偿的常用装置

无功补偿的装置很多，常用的有同步调相机、开关投切固定电容、静止无功补偿器和静止无功发生器。

一、同步调相机

早期的无功功率补偿装置主要为同步调相机，多为高压侧集中补偿。

同步调相机的工作原理与同步发电机没有区别，它只输出无功电流，实质就是相当于一台在电网中空转的同步发电机。当增加激磁电流时，其输出的容性无功电流增大；当减少激磁电流时，其输出的容性无功电流减少；当激磁电流减少到一定程度时，输出无功电流为零，只有很小的有功电流用于弥补调相机的损耗；当激磁电流进一步减少时，输出感性无功电流。

在长距离输电线路中，线路电压降随负载情况的不同而发生变化，如果在输电线的受电端装同步调相机，在电网负载重时，让其过励运行，增加输电线中滞后的无功电流分量，从而可减少线路压降；在输电线轻载的情况下，让其欠励运行，吸收滞后的无功电流，可防止电网电压上升，从而维持电网的电压在一定的水平上。

1. 同步调相机的优点

（1）同步调相机可以随着系统负荷的变化，均匀调整电压，使电网电压保持规定的水平。与电容器不同，电容器只能分成若干个小组，进行阶梯式的调压。

（2）同步调相机可以根据系统无功的需要，调节励磁运行，过励磁时可以做到发出其额定 100% 的无功功率，欠励磁时还可以吸收其额定的 50% 的无功功率。

（3）同步调相机可以安装强行励磁装置，当电网发生故障时，电压剧烈降低，调相机可以强行励磁，保持电网电压稳定，因而提高了系统运行的稳定性。

（4）同步调相机容量大、对谐波不敏感，并且具有当电网电压下降时输出无功电流自动增加的特点，因此，同步调相机对电网的无功安全具有不可替代的作用。

2. 同步调相机的缺点

同步调相机的缺点是投资大、运行维护复杂。因此，许多国家不再新增其作为无功补偿设备。

二、开关投切固定电容

在低压配电网络中，运行着大量的感性无功负荷需要进行补偿，否则，将使网络损耗增加，电压质量恶化。为了提高供用电质量，降低线路损耗与节能，以及充分利用设备的容量，以并联电容器为主要元件的无功补偿装置得到广泛的应用。传统的无功补偿装置采用机械式接触器开关投切电容器，速度慢，切合时容易引起涌流和过电压。

目前，常用晶闸管代替机械式接触器投切电容，这种晶闸管投切电容（TSC）采用大功率晶闸管投切开关，控制器可根据系统电压、无功功率、两相准则控制晶闸管开关对多级电容器组进行快速投切。晶闸管开关采用过零触发方式，可实现电容器无涌流、无冲击投入，达到稳定系统电压、补偿电网无功、改善功率因数、提高变压器承载能力的目的。

1. 开关投切固定电容的优点

（1）具有过零检测、过零触发的优点，无合闸浪涌电流冲击。

（2）无操作过电压、无电弧重燃，根本上解决了电力电容器投切时交流接触器触头烧结而损坏的不良情况。

（3）投切速度极快，最快可达 5ms 的投切响应时间。

2. 开关投切固定电容的缺点

（1）功耗大，散热系统设计复杂，可靠性降低。

（2）晶闸管在导通状态下有较大的管压降，大电流通过时，产生很高的温升，需要用温控开关控制轴流风扇或水冷设备散热。

（3）散热器件中的机械旋转运动易损器件，存在着一定的不可靠性，散热系统一旦停运，就会影响装置的正常运行，因此降低了 TSC 无功补偿装置的可靠性。

（4）初期造价高，瞬时过载力差。

3. 开关投切固定电容的引用

可广泛应用于电力、冶金、石油、港口、化工、建材等工矿企业及小区配电系统。

三、静止无功补偿器

静止无功补偿器（Static Var Compensator，SVC）是一种没有旋转部件，快速、平滑可控的动态无功功率补偿装置。它将可控的电抗器和电力电容器（固定或分组投切）并联使用。电容器可发出无功功率，可控电抗器可吸收无功功率。通过对电抗器进行调节，可以使整个装置平滑地从发出无功功率改变到吸收无功功率（或反向进行），并且响应快速。静止是相对于发电机、调相机等旋转设备而言的。它可快速改变其发出的无功，具有较强的无功调节能力，可为电力系统提供动态无功电源、调节系统电压，当系统电压较低、重负荷时能输出容性无功；当系统电压较高、轻负荷时，能输出感性无功，将供电电压补偿到一个合理水平。

1. SVC 的优点

（1）通过动态调节无功出力，抑制波动冲击负荷运行时引起的母线电压变化，有利于暂态电压恢复。

（2）响应时间快（一般仅 1～2 周波），能解决系统电压动态波形和提高系统稳定性。

（3）可分相调节，改善系统电压不对称度。

（4）损耗小。

（5）全是静止元件，维护工作量小，且安全可靠。

（6）没有惯性。

（7）可局部退出故障元件，留下其他元件继续运行。

（8）产生自励磁。

（9）不会增加短路容量。

2. SVC 的缺点

（1）没有过负荷能力。

（2）没有强励。

（3）发出无功容量与电压平方成正比，当电压很低时，出力受到很大限制。

（4）易产生谐波。

3. SVC 的应用

电弧炉、轧机及其他大型电机、电力机车供电、矿用提升机、远距离电力传输。

四、静止无功发生器

与静止无功补偿器具有类似静止型动态无功调节性能的技术为静止无功发生器（Static Var Generator，SVG）。从名称上虽然前者为补偿器，后者为发生器，差别不大，而实际其技术原理完全不同。SVG 的基本原理是将桥式变流电路通过电抗器并联（或直接并联）在电网上，适当调节桥式变流电路交流侧输出电压的相位和幅值或者直接控制其交流侧电流，使该电路吸收或者发出满足要求的无功电流，从而实现动态无功补偿的目的。

SVG 是灵活交流输电系统（FACTS）技术中一个重要的基础部件。该部件与其他的无功补偿装置相比，虽然 SVG 装置的成本要高一些，但其灵活的动态调节特性、优越的补偿效果以及更小的设备体积都是其他装置不能比拟的。与 SVC 相比，其调节速度更快且不需要大容量的电容、电感等储能元件，谐波含量小，同容量占地面积小，在系统欠压条件下无功调节能力强。

1. 静止无功发生器与传统的无功补偿装置相比的优点

（1）响应时间更快。

（2）抑制电压闪变能力更强。

（3）运行范围更宽。

（4）补偿功能多样化，使用同一套 SVG 装置，可以实现不同的多种补偿功能，如单独补偿负载无功、单独补偿负载谐波、单独补偿负载不平衡，同时补偿负载无功、谐波和不平衡。

（5）谐波含量极低。

（6）占地面积较小。由于无需大容量的电容器和电抗器做储能元件，SVG 的占地面积通常只有相同容量 SVC 的 50%，甚至更小。

2. 静止无功发生器的缺点

（1）由于采用大功率元件，装置功耗较大。

（2）由于该技术还处于发展期，且由于控制系统较复杂，使得装置的容量还不能和 SVC 相比。

（3）与传统的无功补偿装置相比，其制造成本还有待进一步降低。

3. SVG 的应用

SVG 作为一项前瞻性研究的新技术，广泛应用于电力、冶金、可再生能源、煤矿企业、电气化铁路与轨道交通及石化等行业，应用方案比较灵活。

第三节 无功补偿的主要方式

无功补偿的主要方式有变电站补偿、配电线路补偿、随机补偿、随器补偿、跟踪补偿五种。

一、变电站补偿

在电力系统中，电动机和配电用的变压器均为感性负荷，在运行过程中电网不仅需要向这些设备提供有功功率，而且需要同时提供无功功率。为了降低电网输送的无功功率，可以在变电站进行集中补偿。

变电站补偿即通过补偿装置平衡电网的无功功率，改善电网的功率因数，提高系统终端变电站的母线电压，补偿变电站主变压器和高压输电线路的无功损耗。

变电站补偿装置可以采用同步调相机、并联电容器、静止无功补偿器等。这些补偿装置一般集中接在变电站 10kV 母线上，因此具有管理容易、维护方便，提高电网功率因数，降低电网运行电流，降低导线及变压器功率损失，提高电网电压质量，增加输电线路和变压器使用裕度等优点；缺点是这种补偿方式对 10kV 配电网的降损不起作用。

二、配电线路补偿

配电线路补偿即通过在线路杆塔上安装电容器实现无功补偿。配电线路补偿应注意以下问题：

（1）补偿点不宜过多。

（2）控制方式应从简，一般不采用分组投切控制。

（3）补偿容量也不宜过大，避免出现过补偿现象。

（4）保护要从简，可采用熔断器和避雷器作为过流和过压保护。

配电线路补偿方式主要提供线路和公用变压器需要的无功，该种方式具有投资小、回收快、便于管理和维护等优点，适用于功率因数低、负荷重的长线路；缺点是适应能力差，重载情况下补偿不足等问题。

三、随机补偿

随机补偿就是将低压电容器组与电动机并接，通过控制、保护装置与电动机同时投切的一种无功补偿方式。县级配电网中有很大一部分的无功功率消耗在电动机上，因此，搞好电动机的无功补偿，使其无功就地平衡，既能减少配电线路的损耗，同时还可以提高电动机的出力。

随机补偿的优点是用电设备运行时无功补偿装置投入，用电设备停运时补偿装置退出；投资少；占位小、安装容易、配置方便灵活；维护简单；事故率低等。适用于补偿电动机的无功消耗，以补励磁无功为主，可较好地限制配电网无功峰荷。年运行小时数在 1000h 以上的电动机采用随机补偿较其他补偿方式更经济。

四、随器补偿

随器补偿是指将低压电容器通过低压熔断器接在配电变压器二次侧，以补偿配电变压器空载无功的补偿方式。配电变压器在轻载或空载时的无功负荷主要是变压器的空载励磁无功，配电变压器空载无功是农网无功负荷的主要部分。

随器补偿的优点是接线简单，维护管理方便，能有效地补偿配电变压器空载无功，限制农网无功基荷，使该部分无功就地平衡，从而提高配电变压器利用率，降低无功网损，提高用户的功率因数，改善用户的电压质量，具有较高的经济性，是目前无功补偿最有效的手段之一。缺点是由于配电变压器的数量多、安装地点分散，因此补偿工作的投资比较大，运行维护工作量大。

五、跟踪补偿

跟踪补偿是指以无功补偿投切装置作为控制保护装置，将低压电容器组补偿在大用户

0.4kV 母线上的补偿方式。这种补偿方式主要适用于 100kVA 及以上的专用配电变压器用户，可以替代随机、随器两种补偿方式，补偿效果好。

跟踪补偿的优点是可较好地跟踪无功负荷的变化，运行方式灵活、补偿效果好。缺点是费用高，且自动投切装置较随机或随器补偿的控制保护装置复杂，如有任一元件损坏，则可导致电容器不能投切。其主要适于大容量、大负荷的配电变压器。

第四节　无功补偿的主要应用场合

无功补偿的应用场合非常多，主要有以下几种场合。

一、电弧炉

电弧炉以其灵活性、可靠性、较快的冶炼速度、较优的冶炼质量以及较少的投资费用等优势在冶金行业得到了广泛应用。电弧炉工作时可能出现如下情况：

（1）电弧长度急剧变化，引起无功急剧波动，导致电网电压的闪变和波动。

（2）由于各相电弧电压是独立变化的，三相电弧各自急剧无规则变化，故其三相电流是不对称的，产生负序电流。

（3）电弧电流都是不规则的，且急剧变化，其电流波形不是正弦波，可分解为 2 次及以上的各次谐波。

（4）平均功率因数低于 0.75，在发生工作短路时甚至低于 0.1。

由于电弧炉的容量大，是用电大户，导致其所在的电网也存在电压闪变和波动严重、负序分量大、高次谐波多、电网功率因数低的问题，这不仅影响电弧炉自身的产量、质量，使电耗、电极消耗增大，更危及发配电和大量用户，成为目前电网最主要的公害之一。

彻底解决上述问题的唯一方法是用户必须安装具有快速响应速度的 SVC，向电弧炉快速提供无功电流并且稳定电网电压，增加冶金有功功率的输出，提高生产效率，并且最大限度地降低闪变的影响。SVC 具有的分相补偿功能可以消除电弧炉造成的三相不平衡，滤波装置可以消除有害的高次谐波及改善电能质量，并通过向系统提供容性无功来提高功率因数。

二、轧机

我国粗钢产量目前列世界第一，每年在轧钢方面有大量的电能被消耗和浪费。轧钢分为热轧和冷轧两种。

热轧机的运行对电能质量的要求不是很高，所面对的问题是轧机的动力几乎都是感性负荷、运行时需要消耗大量的无功，因此功率因数很低，需要使用无功补偿装置。但是轧机使用大功率直流电动机自身产生的谐波让无功补偿装置无法投入运行，导致极低的功率因数。

冷轧机所面对的问题是晶闸管可控整流电路是一个非线性的冲击性负荷，产生流入电网的高次谐波电流，同时消耗大量的无功功率。谐波电流在电网阻抗上产生谐波电压，引起电网电压畸变，影响供电质量及运行安全。另外，轧机运行工况复杂，冲击性强，电网进线上的功率因数变化大，功率因数很低，使线路损耗及电压偏移增加，对电网和钢厂本身电气设备均会产生不良影响。要提高冷轧机的用电功率因数、改善电能质量、优化用电环境需要对其进行滤波和无功补偿。

轧机在工作中所产生的无功冲击会对电网造成如下影响：

（1）引起电网电压波动，严重时使电气设备不能正常工作，降低生产效率。

（2）使功率因数降低。

（3）负载的传动装置中会产生有害高次谐波，主要是以 5、7、11、13 次为代表的奇次谐波及旁频，会使电网电压产生严重畸变。

采用 SVG 补偿装置能同时补偿无功功率和消除谐波，保持母线电压平稳，消除谐波干扰，使功率因数接近于 1。

三、电力机车供电

电力机车的电能供应是在电力机车的沿线搭建牵引变电站，通常由电力牵引系统为 110kV 双电源提供电能，通过牵引变压器变为 27.5kV 或 55kV，再经过牵引网向电力机车提供电能，牵引电力系统使用 25kV 单相工频交流，通过全波整流后驱动直流牵引电动机，使电力机车行驶。电力机车牵引系统的两相、单相不对称的谐波电流，通过牵引变压器的变换后，高压侧通入电网的谐波电流为三相不平衡谐波电流，除此之外还常伴有基波负序电流注入电网。

电力机车运输方式在保护环境的同时也对电网造成了严重"污染"，因电力机车为单相供电，这种单相负荷造成了供电网的严重三相不平衡及低功率因数，并产生负序电流。

目前，世界各国解决这一问题的唯一途径就是在铁路沿线适当位置安装 SVC 系统，通过 SVC 的分相快速补偿功能来平衡三相电网，并通过滤波装置来提高功率因数。

四、提升机

提升机作为大功率、频繁启动、周期性冲击负荷以及采用硅整流装置，对电网造成的无功冲击和高次谐波污染等危害不仅危及电网安全，同时，也造成提升机过流、欠电压等紧停故障的发生，影响了矿井生产。

提升机在工作中对电网产生的影响有引起电网电压下降及电压波动、功率因数低、传动装置产生有害高次谐波。无论是直流调速提升系统还是交流调速提升系统，采用的都是晶闸管整流装置，造成电流波形畸变，产生高次谐波，主要分为 3、5、7 次和 11 次等。因此，对提升机供电系统进行无功动态补偿和高次谐波治理，对提高矿井提升机和电网的安全运行可靠性、提高企业的经济效益意义巨大。

随着半导体电力电子技术的发展与进步，各种变流变频装置已广泛用于工业及民用领域，矿井提升机也比较普遍地采用晶闸管供电的直流拖动，称为提升机晶闸管电控系统（SCR-D）。晶闸管电控系统具有调速平稳、准确，效率高，容易维护，可引入计算机监控等优点，目前国内大功率的矿井提升机采用较多。

五、远距离电力传输

当供电压的等级较低且供电距离较长时，如果变压器的功率因数偏低，则其电路耗能较大。为降低供电能耗，应提高功率因数，并增加发电机所具有的有功出力，以减少损失。同时，合理确定补偿点和无功补偿量、合理选择电容器保护装置以及加强电容器的日常检查和维护对于降低供电能耗也有很大帮助。

全球电力目前正在趋向长距离输电，高能量消耗，同时也迫使输配电系统不得不更加有效，SVC 可以明显提高电力系统输配电性能，这已在世界范围内得到了广泛的证明，即当在不同的电网条件下，为保持一个平衡的电压时，可在电网的一处或多处适合的位置上安装 SVC，以达到稳定弱系统电压、减少传输损耗、增加传输能力、使现有电网发挥最大效率、提高瞬变稳态极限、增加小干扰下的阻尼、增强电压控制及稳定性、缓冲功率振荡的目的。

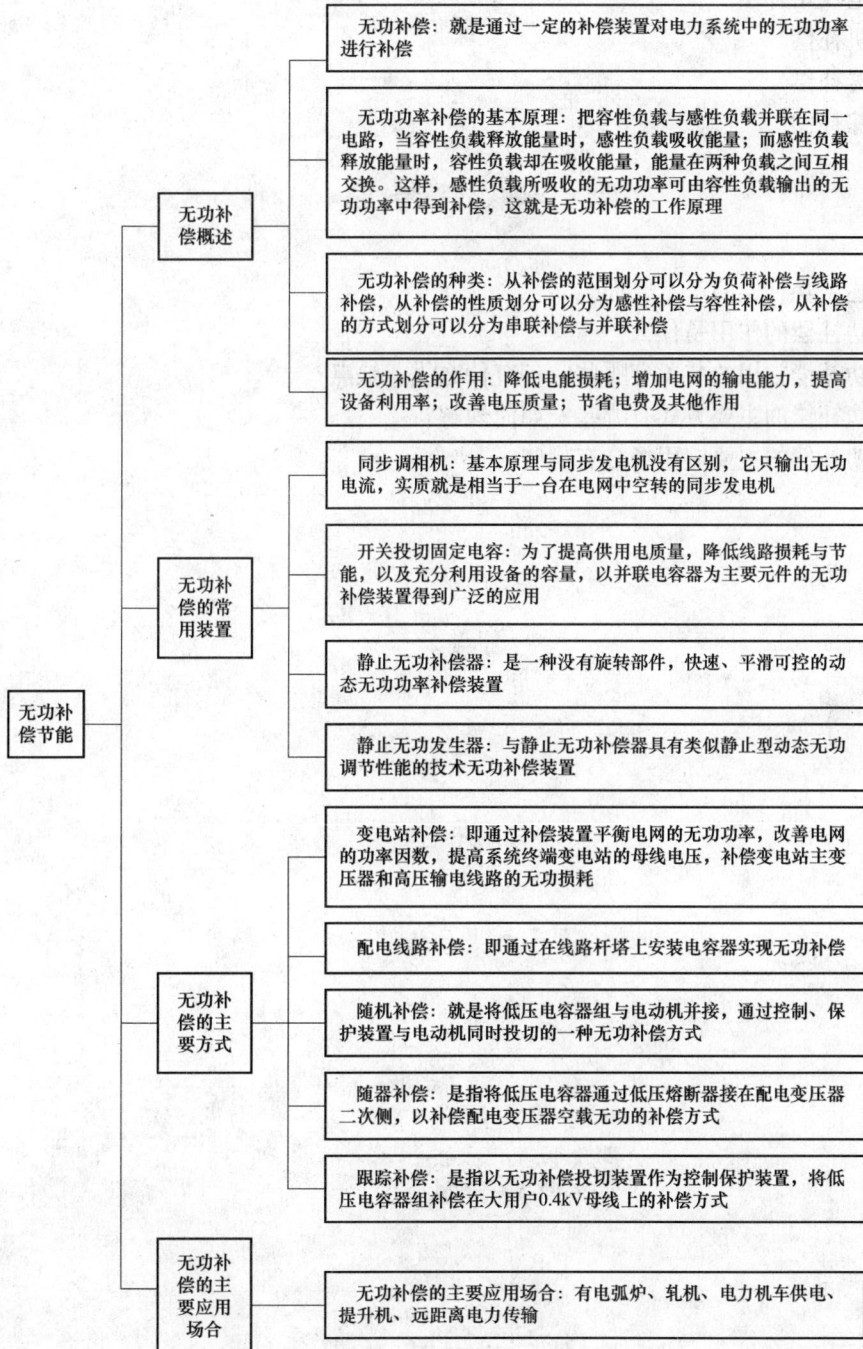

小 结

无功补偿节能

无功补偿概述

- 无功补偿：就是通过一定的补偿装置对电力系统中的无功功率进行补偿
- 无功功率补偿的基本原理：把容性负载与感性负载并联在同一电路，当容性负载释放能量时，感性负载吸收能量；而感性负载释放能量时，容性负载却在吸收能量，能量在两种负载之间互相交换。这样，感性负载所吸收的无功功率可由容性负载输出的无功功率中得到补偿，这就是无功补偿的工作原理
- 无功补偿的种类：从补偿的范围划分可以分为负荷补偿与线路补偿，从补偿的性质划分可以分为感性补偿与容性补偿，从补偿的方式划分可以分为串联补偿与并联补偿
- 无功补偿的作用：降低电能损耗；增加电网的输电能力，提高设备利用率；改善电压质量；节省电费及其他作用

无功补偿的常用装置

- 同步调相机：基本原理与同步发电机没有区别，它只输出无功电流，实质就是相当于一台在电网中空转的同步发电机
- 开关投切固定电容：为了提高供用电质量，降低线路损耗与节能，以及充分利用设备的容量，以并联电容器为主要元件的无功补偿装置得到广泛的应用
- 静止无功补偿器：是一种没有旋转部件，快速、平滑可控的动态无功功率补偿装置
- 静止无功发生器：与静止无功补偿器具有类似静止型动态无功调节性能的技术无功补偿装置

无功补偿的主要方式

- 变电站补偿：即通过补偿装置平衡电网的无功功率，改善电网的功率因数，提高系统终端变电站的母线电压，补偿变电站主变压器和高压输电线路的无功损耗
- 配电线路补偿：即通过在线路杆塔上安装电容器实现无功补偿
- 随机补偿：就是将低压电容器组与电动机并接，通过控制、保护装置与电动机同时投切的一种无功补偿方式
- 随器补偿：是指将低压电容器通过低压熔断器接在配电变压器二次侧，以补偿配电变压器空载无功的补偿方式
- 跟踪补偿：是指以无功补偿投切装置作为控制保护装置，将低压电容器组补偿在大用户0.4kV母线上的补偿方式

无功补偿的主要应用场合

- 无功补偿的主要应用场合：有电弧炉、轧机、电力机车供电、提升机、远距离电力传输

基 本 概 念

1. 无功补偿
2. 变电站补偿
3. 配电线路补偿
4. 随机补偿
5. 随器补偿
6. 跟踪补偿

思 考 题

1. 简述无功补偿的基本原理。
2. 无功补偿的作用是什么?
3. 无功补偿常用的装置有哪些? 各有什么优、缺点?
4. 无功补偿的主要方式有哪些? 如何理解?
5. 无功补偿的主要应用场合有哪些?

第十一章　建　筑　节　能

──────【学习目标】──────

(1) 掌握建筑节能的含义。
(2) 了解国内外建筑节能的发展。
(3) 了解我国建筑节能目标。
(4) 掌握建筑节能涉及的主要方面及各方面的节能措施。
(5) 掌握建筑节能综合经济分析。

──────【内容提要】──────

　　建筑节能是指建筑物在使用和建造过程中，合理使用和有效利用能源，提高建筑使用过程中的能源效率，降低能耗。我国每年有建筑面积约 20 亿 m^2 的住宅、商业等民用建筑新投入使用，建筑能耗占总能耗的比重年年上升，建筑节能将成为全社会提高能源使用效率的重要组成部分。本章主要讲述建筑节能概述、建筑节能、建筑节能综合效益分析等。

第一节　建筑节能概述

一、建筑节能的含义

　　建筑节能是指建筑物在使用和建造过程中，合理地使用和有效地利用能源，提高建筑使用过程中的能源效率。建筑节能的目的是在满足同等需要或达到相同目的的条件下，尽可能降低能耗。

　　建筑节能主要包括采暖、通信、空调、照明、炊事、家用电器和热水供应等的能源效率，但占建筑能耗主要部分的是建筑围护结构散失的能量和供暖制冷系统的能耗，因此，建筑节能的重点是节约采暖和降温能耗，并且把建筑节能工作同提高热舒适性、降低采暖和空调费用以及减轻环境污染结合起来。因此，建筑节能的技术途径主要包括两个方面。一是依靠减少围护结构的散热，二是增进供热、制冷系统的热效率。减少围护结构的散热要求加强门窗、外墙、屋顶和地面的保温隔热；增进供热、制冷系统的热效率要求系统设备合理配套，运行控制调节灵活，并设有能量计量装置。同时，在建筑物建造过程中，要重视采用节能技术和节能产品，以降低能源消耗。

　　长期以来，由于人们节能观点淡薄，房屋设计不合理，建筑能耗高的问题被忽视，加上使用管理不善等原因，造成了严重的能量流失和浪费。

　　我国目前是世界上最大的建筑市场，我国既有建筑面积 400 亿 m^2，每年新增建筑量 20 亿 m^2，并且我国新建筑中 95％以上仍是高能耗建筑，建筑能耗已经达到全社会能耗的 27％以上。根据发达国家的经验，随着人民生活质量和工作环境的改善，这个比例还将上升，以至达到 35％～40％，建筑将可能超越工业、交通、农业等其他行业，成为首位耗能行业，因此，建筑节能将成为全社会提高能源使用效率的重要组成部分。

二、国内外建筑节能的发展

（一）国外建筑节能发展状况

20世纪70年代由于石油紧缺导致的危机，迫使发达国家重视能源问题，并采取各种应对措施。目前已有近百个国家和地区从事建筑节能技术研究，开发新能源，利用再生能源，建造节能住宅，建筑节能技术不断进步，并取得一定成果。这些成果具体体现在以下五个方面：

（1）减少建筑物的耗能量，加强保温隔热措施。

（2）有效利用可再生能源。

（3）建筑物采用高效节能设备与技术。

（4）加强节能管理工作，加强节能意识。

（5）关注居住环境的水平。

同时，各国都结合本国实际，从行政、经济和技术等多方面采取措施。关注建筑节能的科学性，制定相应的法规和标准，促使节能工作顺利进行。美国在20世纪70年代就制定了一系列建筑节能法规，如《新建筑节能暂行标准》、《新建筑节能设计及评价标准》；法国于1974年和1976年先后颁布了《住宅建筑节能法规》；瑞典从20世纪70年代起就实行了强制性的节能法规；日本政府于1979年6月通过了能源法；东欧国家也在近10年颁布并执行了相应的法律。这些政策、法规、标准，有效地减少了建筑能耗，使政府和各建筑业主受益。

（二）国内建筑节能发展状况

我国自20世纪80年代开始出台了一系列建筑节能方面法律条例。1980年1月，国务院批转国家计委、经委《关于加强节约能源工作的报告》（国发〔1980〕50号），确定了"开发与节约并重，近期把节约放在优先地位"的能源发展方针。

1986年1月，国务院批准颁布《节约能源管理暂行条例》，这是我国第一部节能立法文件，标志着我国节能立法工作的正式启动。该条例对建立节能管理体系、开展节能管理基础工作、加强工业和城乡生活用能管理、推进节能技术进步、进行节能奖励和宣传教育等作了具体规定。

1998年1月起施行《中华人民共和国节约能源法》，该法从法律上把节约能源确立为国家发展经济的长远战略方针，明确了政府管理节能的职责和用能单位合理使用能源的义务，提出了鼓励、支持、推广节能先进技术的要求，并规定了相关的法律责任。我国节能工作初步纳入法制化轨道，促进了各方面节能工作的开展。2007年10月，对《中华人民共和国节约能源法》进行了修订，自2008年4月1日起施行。

2000年2月，建设部发布《民用建筑节能管理规定》（建设部部长第76号），当年10月1日实施。提出国家鼓励民用建筑节能技术进步，实行民用建筑节能产品认证和淘汰制度；新建居住建筑的集中供暖系统应当使用双管系统，推行温度调节和户用热量计量装置，实行供热收费；新建民用建筑工程项目的可行性研究报告或者设计任务书，应当包括合理用能的专题论证。该规定于2005年11月进行了修订，2006年1月1日起施行。

2008年7月，为配合节能法修订，建设部组织制定了《民用建筑节能条例》，自2008年10月1日施行。补充和细化内容是县级以上地方人民政府规划主管部门编制城市详细规划、镇详细规划，应当按照民用建筑节能的要求，确定建筑的布局、形状和朝向。对不符合民用建筑节能强制性标准的规划设计方案，不得颁发建设工程规划许可证；施工图设计文件经审查不符合民用建筑节能标准的，不得颁发施工许可证。同期发布了《公共机构节能条例》，自 2008 年 10 月 1 日起施行，详细地规定了依法实施建筑节能标准和监督标准实施的具体要求。

我国的建筑节能工作起步较晚，建筑用能耗要比发达国家高很多。如果与气候条件接近的发达国家相比，我国建筑采暖耗热量，外墙大体为发达国家的 4～5 倍，屋顶为发达国家的 2.5～5.5 倍，外窗为发达国家的 1.5～2.2 倍，门窗透气性为发达国家的 3～6 倍。总的来说，我国单位建筑面积的采暖能耗为同等条件发达国家的 3 倍左右。

以我国北方城镇采暖为例，其能耗占全国建筑总能耗的 36%，为建筑能源消耗的最大组成部分。单位面积采暖平均能耗折合标准煤为 20kg/（m·a），为北欧等同纬度条件下建筑采暖能耗的 2～4 倍。能耗高的主要原因有三个：

（1）围护结构保温不良。

（2）供热系统效率不高，各输配环节热量损失严重。

（3）热源效率不高。

三、我国建筑节能目标

为了提高建筑使用能源利用效率，改善居住热舒适条件，促进城乡建设、国民经济和生态环境的协调发展，建设部提出建筑节能发展的基本目标。

（1）第一步目标。1986 年在技术研究的基础上，出台了第一个建筑节能技术标准。即新建采暖居住建筑在 1980～1981 年当地通用住宅设计能耗水平的基础上降低 30%，即通常所说的节能 30%。为此，建设部颁发了第一部实施节能 30% 的 JGJ 26—1986《民用建筑节能设计标准（采暖居住建筑部分）》，于 1986 年 8 月 1 日开始试行。这个标准的实施，拉开了我国建筑节能的序幕，使建筑节能开始引起人们的重视，各主要城市纷纷进行建筑节能设计与建设的试点，经过 10 年的探索和推动，开展了大量的建筑节能工作，取得了显著成效。

（2）第二步目标。1996 年起，在达到第一阶段目标要求基础上再节能 30%，即节能 50%（在耗能已经降为 70% 的基础上再降 30%，即下降数量是总体的 21%，合计约为 50%）。为此，建设部 1995 年制定了新的节能 50% 的 JGJ 26—1995《民用建筑节能设计标准》，并于 1996 年 7 月 1 日开始执行。

（3）第三步目标。2005 年起，在达到第二阶段目标要求的基础上再节能 30%，即节能 65%（在耗能已经降为 50% 的基础上再降 30%，即下降数量是总体的 15%）。为此，北京、天津等城市发布了节能 65% 的设计标准。北京于 2004 年开始编制实施节能 65% 建筑设计标准；天津从 2005 年 1 月 1 日开始执行居住建筑节能 65% 设计标准；重庆从 2008 年 1 月 1 日起实施居住建筑节能 65% 设计标准；上海从 2008 年 10 月起，把建筑节能标准从 50% 提高到 65%；甘肃省兰州市 2007 年 9 月 1 日起，新建居住建筑节能要达到 65%；河北省到 2010 年年底，全省新建居住建筑节能要达到 65%，公共建筑节能达到 50%；江苏省到 2010 年年底，住宅建筑全面实现节能设计 65% 的标准；浙江省到 2010 年年底，县级以上城市新建商品住宅和公共建筑实施节能 65%；到 2020 年，使全社会建筑的总能耗能够达到节能 65% 的总目标。

第二节　建　筑　节　能

一、外墙保温与隔热

（一）外墙保温

墙体在建筑外围护结构中占的比例最大，墙体传热造成的热损失占整个热损失的比例也最大，因此墙体的保温是外围护结构建筑节能的一个重要部分。外墙保温构造形式有单一材料墙体构造和复合材料墙体保温构造。

1. 单一材料墙体构造

单一材料墙体构造是利用质量轻、强度高的材料构成的。如保温多孔砖、保温空心砌块、加气混凝土砌块、陶粒砌块材料等热阻比较大、强度比较高，可以用来砌筑既承重又保温的墙体。这种墙体构造的优点是简单、施工方便。缺点是保温性能很难提得很高。一般对寒冷和严寒地区的节能要求不能满足，但对冬季室内、外温差不是很大的地区，这种墙体能够满足节能的要求。

2. 复合材料墙体保温构造

复合材料墙体保温构造是利用强度高的材料和导热系数小的轻质保温材料构成的。如对聚苯板等进行组合，构成既能承重又可保温的复合结构。在这种结构中，强度高的材料起承重作用，轻质材料起保温作用，让不同性质的材料各自发挥其功能。复合墙体的技术难点是如何保护好保温材料层，使其能够长久正常地发挥作用。还要考虑它的防水、透气、耐久性，而且要有相当强度的保护层。因此，复合保温墙体的构造比较复杂，施工要求高，造价也较高。常见的复合保温墙体主要归纳为外保温墙体、内保温墙体和夹心保温墙体三种。

（1）外保温墙体。外保温墙体是将保温材料设在围护结构的外侧（低温一侧），这种做法的优点是可避免产生热桥，不仅冬季保温性能良好，而且夏季隔热性能也很好；既适用于新建筑，也适用于即有建筑的节能改造；对室内稳定传热有利，这种墙体构造的做法既有利于保护主体结构，又减少温度应力对结构的破坏作用，延长结构使用寿命。缺点是施工较为复杂；外部防水、罩面需认真进行处理，确保墙体的可靠性和耐久性。外保温墙体施工做法主要有抹灰型、粘贴型、现浇型和悬挂型四种形式可供选用。

（2）内保温墙体。内保温墙体是将保温层做在外墙内侧，这种做法的优点是较为方便；构造简单、灵活；施工不受气候变化的影响；特别适合于节能住宅和旧房改造。缺点是会占用较多的室内使用面积；居民进行二次装修时容易损坏，影响保温效果；由于建筑结构外露，温差变化可能引起内保温开裂；内保温墙体一定程度影响墙面的蓄热性能，相比之下对保持房间的热稳定性不如外保温做法的效果好。需要注意的是，选用这种做法时必须对梁门窗等热桥部位加强保温处理，否则，外墙平均传热系数不能达标。内保温墙体的施工做法主要有抹保温砂浆、粘贴保温板和龙骨内填玻璃棉、岩棉等保温材料的做法。

（3）夹芯保温墙体。夹芯保温墙体是将保温材料（聚苯板、挤塑型泡沫塑料板、岩棉、玻璃棉等）放在墙体中间，靠近保温层内侧的墙体为承重构件，靠近保温层外侧的墙常采用半砖墙或其他板材结构来处理，从而形成夹芯墙体。这种做法的优点是既能取得较好的保温效果，又能减轻墙体的自重，对保温材料的保护较为有利。缺点是由于保温材料把墙体分为内、外两层，因此在内、外层墙之间必须采取可靠的拉结措施。

（二）外墙隔热

夏季强烈的阳光照射在墙面上，造成墙表面温度升高，然后通过导热的方式向室内传热。夏季为了创造良好的室内环境，对墙体采取必要的隔热措施也是重要的。外墙隔热措施一般有以下几种：

（1）建筑外墙采用浅色抹灰或饰面。因为浅色墙面能反射太阳辐射以减少围护结构面对太阳辐射热的吸收率，从而降低围护结构承重墙外表面温度。

（2）新型复合隔热外墙。目前正在大力开发的隔热保温新型复合墙体，可使建筑室内受室外温度波动影响小，而且有利于保护主体结构，避免冷（热）桥的产生。

（3）设通风墙。将需要隔热的外围护结构作成空心夹层墙，并利用热压原理，将通风墙的进风口和出风口之间的距离加大，增加通风效果，以利降低围护结构内表面温度。当间层厚度为 30～100mm，外墙通过间层通风散热后，其内表面最高温度可降低 1～2℃，而且日辐射照度越大，通风空气间层的隔热效果越显著，故对东西向墙更为明显。

二、屋顶保温与隔热

（一）屋顶保温

屋顶保温性能欠佳，是顶层房间冬季采暖能耗大的主要原因，为了防止室内热量损失，有效地改善顶层房间室内热环境，减少通过屋顶散失的能耗，屋顶应设计成保温屋顶。现根据结构层、防水层、保温层所处的位置不同，可归纳为以下两种做法。

1. 正置式保温屋顶

正置式保温屋顶的做法是将保温层放在屋顶防水层之下结构层以上，形成多种材料结合的封闭保温做法，其构造层次为结构层、找平层（找坡层）、隔蒸气层、保温层、找平层、防水层和保护层。屋顶保温材料可以是散状的，如膨胀珍珠岩或炉渣、矿渣（粒径 5～40mm）之类的工业废料等；也可以是板（块）状的保温材料，常用的有加气混凝土块、膨胀珍珠岩板、膨胀蛭石板等；还有直接用聚苯泡沫板或现场发泡的聚氨酯保温材料进行整体浇筑的做法，形成一个现浇轻质混凝土保温层，上面做找平层，再铺防水层。

2. 倒置式保温屋顶

倒置式保温屋顶的做法是把保温层覆盖在屋顶防水层之上。这种做法是屋顶构造的重大革新，该技术从 20 世纪 60 年代开始在德国和美国采用。其优点是使保温层起到保护防水层的作用：既可保护防水层免受太阳曝晒，又可避免防水层受磨损、冲击、穿刺等破坏。缺点是保温材料的选择受到一定的限制，屋顶造价会稍有提高，但作为节能建筑，做倒置式的屋顶是一个值得提倡的构造措施。

（二）屋顶隔热

夏季，太阳辐射使得屋顶的温度剧烈升高，从屋顶传入热量远比从墙体传入室内的热量要多得多。顶层室内热环境差，严重影响人们的生活和工作。因此与保温要求相比，屋顶的隔热要求显得更重要。要采取一切措施减少直接作用于屋顶表面的太阳辐射热量。目前，我国屋顶隔热主要采用的措施有实体材料隔热屋顶、通风间层屋顶、浅色反射屋顶、蓄水隔热屋顶、植被隔热屋顶和阁楼屋顶等。

1. 实体材料隔热屋顶

在屋顶中设置实体材料隔热层，是利用屋顶材料层的热阻和材料蓄热的作用来隔热的，旨在提高结构的热惰性，从而使屋顶表面平均温度及温度波动范围降低。对住宅这种全天使用的房间，屋顶除了有足够大的热阻和衰减外，还应使其延迟时间更长。为了提高材料层隔热的能力，最好选用导热系数和导温系数都比较小的材料，同时还要注意材料层的排列。采用多层材料组合的屋顶，可以充分发挥各层材料的特性，特别是这种复合结构的内侧采用适当厚度的重质材料或用轻质材料夹芯，可以提高其热稳定性。

2. 通风间层屋顶

通风间层屋顶是我国南方地区最常见的隔热屋顶，能有效地利用风的流动，带走蓄积于屋顶的热量。通风隔热屋顶，可以在结构层上部设置架空隔热层。这种做法把通风层设置在屋顶结构层上，利用中间的空气间层带走热量，达到屋顶降温的目的，另外，架空板还保护了屋顶防水层。此外，也可以利用坡屋顶自身结构，在结构层中间设置通风隔热层，同样可得到较好的隔热效果。相比而言，坡度面的隔热性能一般比平屋顶好。

3. 浅色反射屋顶

屋顶采用浅色处理，同样可以减少太阳辐射热对屋顶的作用，降低屋顶的表面温度，达到改善屋顶隔热效果的目的。和墙面一样，在屋顶做浅色处理或采用屋顶层铺设白色或浅色的地面砖等措施，对屋顶隔热、降温均可起到一定的作用。

4. 蓄水隔热屋顶

蓄水隔热屋顶是在平屋顶上蓄积一定高度的水层。利用水的蒸发来吸收大量太阳辐射热能取得很好的隔热效果，从而减少屋顶吸收的热能，达到降温隔热的目的。不仅如此，水对太阳辐射还有一定的反射作用，而且热稳定性也较好，另外水长期将防水层淹没，也起到保护作用，特别是混凝土防水屋顶在水的养护下，防水层可避免因干缩出现裂缝，嵌缝材料可避免受紫外线照射老化而延长使用寿命。

5. 植被隔热屋顶

植被隔热屋顶又称种檀屋顶，是隔热性能比较好的一种做法。它是在钢筋混凝土屋顶板上铺上一层土，再在上面种植作物或花卉、草皮等，借助栽培植物吸收阳光和遮挡阳光的双重功能来达到降温、隔热的目的。种植屋顶不但在降温效果上优于其他隔热屋顶，而且能缓解建筑占地和绿化用地的矛盾，同时在美化环境、减轻污染方面也具有极其重要的作用。

6. 阁楼屋顶

阁楼屋顶是建筑上常用的屋顶形式之一，它常在檐口、屋脊或山墙等处开通气孔，有助于透气、排湿和散热。

三、门窗节能

门窗的能耗在整个建筑能耗中占很大比例，如在住宅建筑中，通过门窗的热损失约占50%，其中传热损失约占25%，通过缝隙的空气渗透约占25%，如果门窗的缝隙较大，气密性差，再无任何密封措施，冬季大量冷空气、夏季大量热空气进入室内，给室内温度带来很大的影响，因此，要采取减少传热和空气渗透热损失的措施。另外，开窗面积不宜过大。窗户和阳台门的传热系数、传热阻和门窗的气密性都应符合国家有关标准和规定。

提高门窗保温隔热性能的措施如下：

(一) 窗框采用低导热系数的材料

采用低导热系数的材料是门窗节能的重要措施之一，如采用 PVC 塑料型材、铝合金断冷（热）桥窗框材料、玻璃钢型材、钢塑共挤型材，以及高档产品中的铝木复合材料、铝塑复合材料等。这样，可从根本上改善普通金属门窗由于窗框的热传导带来的较大的能量损失。钢、铝材料的传热系数太大，一般不能单独作为节能门窗的框料，应采取表面喷塑和其他断热技术处理来提高其热阻性能。

（二）采用中空玻璃和低辐射镀膜玻璃

中空玻璃在两层玻璃之间形成一个相对静止、密闭良好的空气间层，这个空气间层具有较大的热阻，保温性能好。另外，在密封间层内装有一定量的干燥剂（国外有在空腔内充氩气），这样就避免了玻璃表面结露，保持窗户的洁净和透明度。其中密闭、静止的空气层约12毫米厚，使热工性能处于较佳而又稳定的状态。

低辐射镀膜玻璃又称低辐射玻璃，是一种对波长范围 $4.5 \sim 25\mu m$ 的远红外线有较高反射比的镀膜玻璃。由于低辐射玻璃是在玻璃表面镀制银等金属薄膜或氧化锡等金属氧化物、铟锡合金等导电膜而形成的，对波长 $2.5 \sim 40\mu m$ 范围的远红外线具有较高的反射能力。一般的低辐射玻璃能将80％以上的远红外线反射回去，普通透明浮法玻璃、吸热玻璃、阳光控制镀膜玻璃的远红外线反射率仅为11％左右。由于低辐射玻璃具有阻隔热辐射透过的特性，在冬季，它像一面热反射镜一样，将室内暖气及室内物体散发的热辐射大部分反射回室内，节约取暖费用；在夏季，它可阻止室外地面、建筑物发出的热辐射进入室内，节约空调制冷费用。

（三）控制门窗的气密性

一般门窗都有缝隙，在风压、热压的作用下，室外冷空气或热空气渗入室内的量是相当大的。因此节能设计标准一般都规定了窗户的气密性等级，目前窗户的气密性等级依据GB/T 7107—2008《建筑外窗气密性能分级及检测方法》中的规定。窗户的气密性必须良好，一般两侧空气压差为 10Pa 的情况下，窗户的空气渗透量，低层和多层建筑不大于 $4.0m^3/（m \cdot h）$，在高层和中高层建筑中不大于 $2.5m^3/（m \cdot h）$。当窗户的密封性不能达到规定要求时，应当采取适当的密封措施，例如在缝隙处设置橡皮、毡片等制成的密封条，提高窗户的气密性。

四、建筑遮阳

通常建筑如采取了遮阳措施，则可在很大程度上限制通过窗户的热传递。在夏季，相当多的太阳辐射热会通过门窗直射室内，增加室内温度，有关计算分析表明，居住建筑的空调负荷大部分来自于透过窗户的太阳辐射热。因此，为了减少空调负荷，缩短空调设备的运行时间，做好窗户的遮阳是十分重要的。

遮阳设施可用于室外、室内或双层玻璃之间。它们可以是固定的或是可调节式的。根据遮阳设施与窗户的相对位置，常见的遮阳有内遮阳和外遮阳两大类。内遮阳包括软百叶窗、可卷百叶窗及帘幕等，它们通常是活动的，即可升降、可卷。一般来说，外遮阳的效果比内遮阳好得多，它可以将绝大部分太阳辐射阻挡在窗外。外遮阳按其形式，可分为水平遮阳、垂直遮阳、综合遮阳和挡板遮阳四种。

（一）水平遮阳

水平遮阳是在窗口上方设置一定宽度的水平遮阳板，能够有效地遮挡太阳高度角较大的，从窗口上方照射下来的阳光，一般适用于南向和西晒的窗口。水平遮阳板可以做成实心板，也可做成栅格板或百叶板。

（二）垂直遮阳

垂直遮阳是在窗口两侧设置垂直方向的遮阳板，能够有效地遮挡太阳高度角较小的，从窗口两侧斜射进来的阳光，一般情况下，对窗口上方投射下来的阳光或对窗口正射的阳光不起遮挡作用。垂直遮阳板可以垂直于墙面，也可与墙面形成一定的垂直夹角。主要适用于东北、北、西北向附近的窗口。

（三）综合遮阳

综合遮阳是水平遮阳和垂直遮阳两种做法的总和，能够有效地遮挡太阳高度角中等的从窗口左、右两侧及前上方斜射来的阳光，遮阳效果比较均匀，主要适用于东南向及西南向附近的窗口。

（四）挡板遮阳

挡板遮阳是在窗口前方离开一定距离设置与窗户平行方向的垂直挡板，可以有效地遮挡高度角较小的正射窗口的阳光，主要适用于东、西向及其附近的窗口。但挡板遮挡了视线和风，可以做成格栅式或百叶式挡板，效果会好些。

五、自然通风

建筑物中的自然通风，是由于建筑物的开口（门、窗、洞口等）处存在压力差而产生的空气流动。造成空气压力差的基本原因有风压和热压。在实现自然通风中，往往由于条件所限制，单纯利用风压或热压不能满足通风需要，因此又可以将风压和热压结合，甚至采用机械辅助自然通风。实践证明，自然通风是炎热地区降低室内自然温度、提高热舒适性、降低夏季空调能耗的有效措施。

（一）利用风压

风压作用是指风作用在建筑物上产生的压力差。当风吹到建筑物上时，由于空气流动受阻，将在迎风面附近产生正压区；而在建筑物的背风面、屋顶和两侧，由于在气流曲绕的过程中，空气变得稀薄，这些区域将形成负压区。利用风压进行自然通风，是传统的自然通风利用的主要风源，也是自然通风的主要方式。

（二）利用热压

热压作用是指由于热作用在建筑内部而产生上、下的压力差。热压作用形成通风的过程为空气受热上升，从建筑顶部风口排出，建筑下部产生负压，室外的冷空气从建筑底部被吸入。目前，常用的"烟囱效应"通风方式就是利用了热压的原理实现空气的对流。

（三）风压与热压相结合

单独利用风压或热压都有局限性，很难达到需要的通风效果。在实践中，利用风压和利用热压往往是互相配合、互为补充、共同起作用的。利用风压和利用热压来实现自然通风，一般都是互为补充的。如进深小的房间多利用风压来实现自然通热交换自然通风，而进深大的房间多利用热压来实现。

第三节　建筑节能综合效益分析

一、建筑节能的经济效益分析

节能建筑的经济效益分析方法很多，如净现值法、内部收益率法和投资回收期法。这里以投资回收期为例分析建筑节能的经济效益。

（一）节能投资

在一般情况下，要加强节能建筑围护结构的保温隔热性能，使建筑工程造价相应地提高。为实现节能目标而增加的工程造价即节能投资。在我国，新标准的节能目标是 65%，但节能投资不超过土建工程造价的 10%。节能投资计算公式为

$$K = K_2 - K_1$$

式中　K——节能投资，元/m^2；

　　K_2——节能建筑工程造价，元/m^2；

　　K_1——非节能建筑工程造价，元/m^2。

（二）节能收益

节能收益是指建筑由于采用节能措施而带来的能耗收益、运行维护收益和舒适性收益的总和。其中，能耗收益是最直观的收益，节能收益计算公式为

$$R = \Delta Q_c \times B$$

式中　R——节能收益，元/m^2；

　　ΔQ_c——节煤量，kg/m^2；

　　B——热能价格（煤炭转化成热能的供热价格），元/kg。

（三）投资回收期

投资回收期是经济效益分析常用的方法之一，这种计算方法是以逐年收益去偿还原始投资，计算出需要偿还的年限。投资回收期分为动态投资回收期和静态投资回收期，动态投资回收期考虑资金的时间价值，静态投资回收期不考虑资金的时间价值。因为节能建筑的使用期通常是比较长的，所以采用动态投资回收期更准确。一般计算出的投资回收期越短，说明节能建筑的经济效益越好。节能建筑的投资回收期一般不应超过 10 年。

假设节能建筑每年的节能收益是相等的，节能投资回收期可按下式进行计算，即

$$T = \frac{\lg R - \lg(R - iK)}{\lg(1 + i)}$$

式中　T——动态投资回收期，年；

　　R——节能收益，元/年；

　　K——节能投资，元；

　　i——节能投资收益率，%。

二、建筑节能的社会效益分析

（一）建筑节能是贯彻可持续发展的重要举措

当前，我国能源资源供应与经济社会发展的矛盾十分突出，建筑能耗占全国能源消耗的比重逐年增大。建筑节能对于促进能源资源节约和合理利用，缓解我国能源资源供应与经济社会发展的矛盾，加快发展循环经济，有着举足轻重的作用，也是保障国家能源安全、保护环境、提高人民群众生活质量、贯彻落实可持续发展的一项重要举措。

（二）建筑节能可以节约大量社会能源和社会资金

我国既有的近 400 亿 m^2 建筑，仅有 1% 为节能建筑，其余无论从建筑围护结构还是采暖空调系统来衡量，均属于高耗能建筑。单位面积采暖所耗能源相当于纬度相近的发达国家的 2~3 倍。这是由于我国的建筑围护结构保温隔热性能差，采暖用能的 2/3 被浪费。而每年的新建建筑中真正称得上"节能建筑"的还不足 1 亿 m^2，建筑耗能总量在我国能源消费总量中的份额已超过 27%，逐渐接近三成。因此，我国建筑节能潜力巨大，随着建筑节能

的推进，可以节约大量社会能源和社会资金。

（三）建筑节能是缓解当前电力紧张的有效措施

我国近年来频频发生电力缺口、拉闸限电的现象，多发生在夏季制冷与冬季采暖的用电高峰期。建筑节能适应电力需求侧终端节能优先的观念，能有效地节省空调和采暖设备的用电量，缓解电力的供求矛盾。

（四）建筑节能将带动相关产业的发展

建筑节能涉及加强建筑物本身的保温、隔热性能，提高供热采暖系统的运行效率以及经营管理等诸多方面。与建筑节能有关的产业包括墙体保温隔热产业、屋顶保温隔热产业、保温门窗产业、密封技术与产品产业、隔热玻璃产业、遮阳产品产业等。建筑节能将带动这些相关产业的发展。

（五）创造更多的就业机会

节能建筑的兴建，供热采暖、空调系统的安装，节能建筑的运行管理，大量即有建筑的节能改造，以及建筑节能相关产业的营运都将吸引大批劳动者的参加，从而创造大量的就业机会。

（六）建筑节能有利于提高人们的生活水平

节能建筑是以满足人们的舒适性为前提的，在现行的建筑节能设计标准中，都严格规定了建筑室内的舒适度标准。按节能标准要求设计施工建筑，在为用户节省大量能耗费用的同时，也提高了室内居住条件的舒适性。

三、建筑节能的环境效益分析

建筑节能不仅具有经济效益和社会效益，环境效益也是非常显著的。具体表现为以下几点：

（一）建筑节能有利于改善大气环境质量

我国的建筑采暖能源以煤为主，约占75％。目前，我国每年建筑采暖燃煤排放的二氧化碳约为1.9亿t，排放二氧化硫约为300万t，烟尘约为300万t，采暖期城市大气污染普遍超标，二氧化碳造成大气的"温室效应"，严重威胁人类的生存环境，二氧化硫、烟尘和氮氧化物严重影响人类健康，造成环境酸化等。

我国每年新增建筑量20亿 m^2，95％以上是高能耗建筑，按到2020年我国节能建筑达到50％的目标，即按我国每年建设10亿 m^2 的节能住宅来计算，每年可节约能源约折合1500万t标准煤，减少二氧化碳排放约4500万t，减少灰渣约400万t。可见，降低建筑能耗、提高建筑用能的效率，是改善大气环境的重要途径。

（二）建筑节能有利于改善室内环境质量

建筑节能技术可以改善室内热环境，做到冬暖夏凉。室内热环境是对室内温度、室内空气湿度、气流速度和环境热辐射等因素的综合评价。符合节能要求的建筑，冬季室内温度可以保持在16～18℃；夏季室内温度可以保持在26～28℃。我国过去的建筑，尤其是居住建筑，墙体和屋顶的保温隔热性能差、门窗单薄，且气密性差。如果这样的建筑室内热环境不改变，即使用了采暖和制冷设备，室内各点的温度也很不平均。此外，由于节能建筑的气密性好，围护结构的隔声性能和隔绝灰尘的性能也得到了提高；同时节能建筑既保持室内空气的流通，又使围护结构内表面保持了较高的温度，从而避免围护结构结露、长霉等现象发生，显著改善了室内的居住环境。

小　结

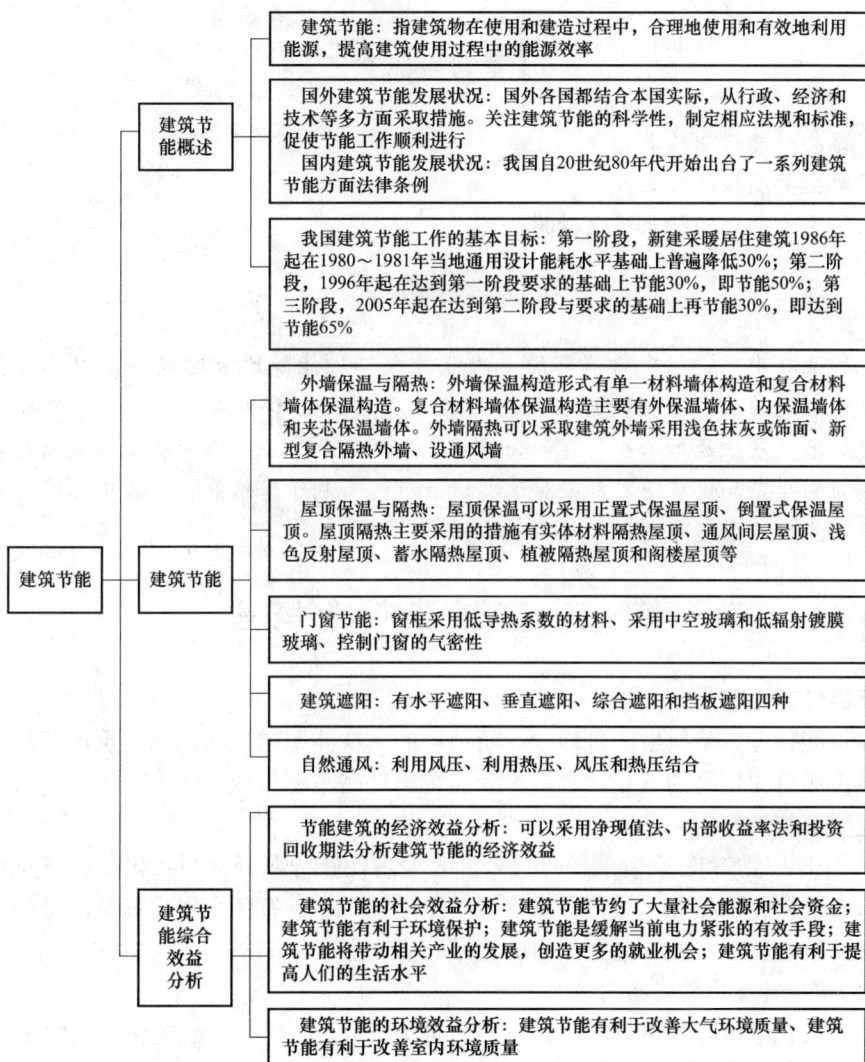

思 考 题

1. 何谓建筑节能?
2. 在我国,建筑节能具有什么样的重要意义?
3. 我国的建筑节能设计标准是什么?
4. 建筑节能包含哪些内容? 各采用什么节能措施?
5. 如何对建筑节能进行综合效益分析?
6. 建筑节能具有哪些社会效益?

第十二章　高耗能行业节能

―――――【学习目标】―――――

(1) 掌握高耗能行业的定义。
(2) 了解主要高耗能行业。
(3) 了解主要高耗能行业节电措施。

―――――【内容提要】―――――

高耗能行业在生产过程中所消耗的一次能源或二次能源比重比较高，因此，节能潜力大。我国目前确定的六大高耗能行业分别为化学原料及化学制品制造业、非金属矿物制品业、黑色金属冶炼及压延加工业、有色金属冶炼及压延加工业、石油加工炼焦及核燃料加工业、电力热力的生产和供应业，加强对这些行业节能有利于降低能耗，减少环境污染。本章主要介绍高耗能行业概述、高耗电行业节能措施等。

第一节　高耗能行业概述

一、高能耗行业定义

所谓高耗能行业，是指生产过程中，所消耗的一次能源或二次能源比重比较高，能源成本在产值中占成分比较高的行业，也可称为能源消耗密集型行业。

二、主要高能耗行业

《2010 年国民经济和社会发展统计报告》六大高耗能行业分别为：化学原料及化学制品制造业、非金属矿物制品业、黑色金属冶炼及压延加工业、有色金属冶炼及压延加工业、石油加工炼焦及核燃料加工业、电力热力的生产和供应业。

（一）化学原料及化学制品制造业

化学原料及化学制品制造业工业，习惯上称为"化学工业"，是指利用化学工艺生产经济社会所需的各种化学产品的社会生产部门的总称。化学原料及化学制品制造业在国民经济中具有举足轻重的地位和作用。该行业中典型的高耗能行业是氯碱行业和合成氨行业。

（二）非金属矿物制品业

非金属矿物制品业主要包括水泥制造业，水泥制品和石棉水泥制品业，砖瓦、石灰和轻质建筑材料制造业，玻璃及玻璃制品业，陶瓷制品业，耐火材料制品业，石墨及碳素制品业，矿物纤维及其制品业，其他类未包括的非金属矿物制品业等。其中，水泥制造业是典型的高耗能行业。

（三）黑色金属冶炼及压延加工业

黑色金属是指铁、锰、铬三种金属。黑色金属冶炼通常指将铁矿石熔炼成生铁或将生铁熔炼成钢坯。压延加工是将钢坯轧制成钢板或各种型钢。该制造业中电炉钢和铁合金是典型的高耗能行业。

（四）有色金属冶炼及压延加工业

有色金属是指除去铁、铬、锰三种金属以外的所有金属。与黑色金属相比，更具有耐蚀性、耐磨性、导电性、导热性、韧性、高强度性、放射性、易延性、可塑性、易压性和易轧性等特殊性能。有色金属的种类繁多，但在工业中常用的有铜、铝、铅、锌、锡、镁等10多种。有色金属冶炼及加工业就是指对有色金属进行提炼和压延加工的制造业。其中，电解铝产业是该行业中典型的高耗能行业。

（五）石油加工炼焦及核燃料加工业

石油加工指从天然原油、人造原油中提炼液态或气态燃料，以及石油制品的生产。炼焦指主要从硬煤和褐煤中生产焦炭、干馏炭及煤焦油或沥青等副产品的炼焦炉的操作活动。核燃料加工是指从沥青铀矿或其他含铀矿石中提取铀、浓缩铀的生产，对铀金属的冶炼、加工的生产，以及其他放射性元素、同位素标记、核反应堆燃料元件的制造，还包括核废物处置活动。

（六）电力热力的生产和供应业

电力热力的生产和供应业主要包括电力生产业、电力供应业和热力生产和供应业。其中，发电行业是典型的高耗能产业。

第二节　主要高耗电行业节能措施

一、氯碱行业节能措施

氯碱行业所涉及的产品包含烧碱、聚氯乙烯、盐酸、液氯、氯化钙、氯化钡、三氯化铁、漂白剂、甲烷氯化物、环氧化合物、氯溶剂、氯化石蜡、金属钠、氯酸钠、直链烃、芳烃氯化物等有机、无机化工产品200余种。目前，我国氯碱行业生产能力及产量均列世界第一。氯碱行业是高耗能行业之一，目前氯碱行业在生产过程中采取多种节能措施，节能前景大。

（一）氯碱生产过程中采用先进节能技术

随着我国经济的发展，国内高耗能产业迅猛发展，氯碱行业在高耗能范畴内，一方面增加了经济的压力，另一方面也增加了供求矛盾。目前，氯碱行业也不断引进先进的节能技术。最新的氯碱生产中的先进技术包括干法乙炔、煤制乙炔、二氯乙烷以及乙炔制氯乙烯几种技术。

干法乙炔技术实际是指电石水分解时使用较少的过量水分，得到的电石渣含水质量分数仅是4%～10%。该法能够有效地避免电石渣浆现象，对能源和水以及土地使用都做到了节约，投资和运行成本都降到最低，因此，电石法聚氯乙烯行业较为有效。

煤制乙炔的原理是等离子体炬生成高温等离子氢，能和煤粉实现反应，得到乙炔混合气，分离然后提浓，最终得到乙炔。该方法可以有效节约电能，降低成本，较轻环境污染。

二氯乙烷和乙炔制氯乙烯技术主要原理为二氯乙烷和乙炔直接一步法反应。其催化剂为非汞类，而该类催化剂的产业化使电石耗量大幅度的降低，减小对电石依赖，同时使产品成本降低，产品质量得到提升的同时有效避免汞污染。

（二）氯碱生产过程中采用先进节能设备

目前，已经有众多的节能设备引进到氯碱生产过程中，来实现该行业的有效节能，最新的节能设备主要有膜极距电解槽、氧阴极电解槽。

（1）膜极距电解槽。离子膜烧碱生产技术发展推动离子膜电解槽的发展，也由低电密转变为膜极距。膜极距电解槽主要的优势表现在较低槽电压及电耗，也将作为离子膜电解槽节能技术的趋势。该电解槽更节电。主要是对老型电解槽实现进一步改造。

（2）氧阴极电解槽。氧阴极电解槽是一种新型离子膜电解槽。该电解槽采取氧气电极还原反应，阴极没有氢气的析出，而实现电压降低，从而使电解电耗降低。

二、合成氨行业节能措施

合成氨是化学工业中产量很大的化工产品，以俄罗斯、中国、美国、印度等最高，占世界总产量的一半以上。合成氨主要消费部门为用于化肥工业的化肥用氨和用于高分子化工、火炸药工业等其他领域的非化肥用氨，两者统称为工业用氨。合成氨主要原料有天然气、石脑油、重质油和煤等，生产合成氨的方法主要区别在原料气的制造。

目前，我国大型合成氨装置和传统合成氨装置能耗水平基本达到国际先进水平，但我国的中小型合成氨装置能耗水平高，节能潜力大。主要的节能措施可以采用以下几个方面：

（一）采用先进的节能工艺

目前，主要推广的先进节能工艺有提升型固定气化工艺、节能型全低变与中低低变换工艺、节能环保型醇化与醇烷化气体精制工艺、经济型节能合成工艺等，这些工艺的主要目的就是节能减耗。

（二）选用高效节能设备

除了采用节能工艺外，节能的另一个有效措施是选用高效的节能设备，包括各种高效塔器、各种高效换热器、各种高效分离过滤设备等。

（三）回收余热和余能

充分回收合成氨各工艺过程中的余热和余能也是节能的一个重要方面。如造气工段的造气炉夹套的余热等。

（四）其他相关节能措施

其他相关节能措施如电动机采用变频调速技术、蒸汽管道系统节能、冷凝水回收利用等。

三、水泥行业节能措施

水泥是国民经济建设所需的基础原材料，我国的水泥产量居世界第一，成为世界最大的水泥生产和消费大国。水泥行业是耗能大户，能源消费占全国能源消费比重7%左右，主要消费的能源是煤炭和电力，其中电力约占30%。因此，水泥行业节能潜力很大。节能措施主要有以下三个方面：

（一）风机节能措施

水泥工艺生产线是由生产水泥的一系列设备组成的，主要由破碎及均化、生料制备均化、预热分解、水泥熟料的烧成、水泥粉磨包装等组成，这个过程涉及大量的风机系统设备。

这些风机在生产过程中都会随工况条件和产量的变化，引起风量、风压随之调整，因此，选择合理的调速方式既满足不同工况条件下的生产，又减少电耗，达到节能的目的。

传统调节方法能量大量消耗在挡板、阀门阻力、液力耦合器机械损耗和水电阻内部发热上，虽然也有不同的节能效果，相对来说是一种经济效益差、能耗大、设备损坏频繁、维修难度大、运行费用高的落后方法。

通过变频调速降低风机转速，使风机处于高效运行状态，接近最理想效率曲线，节能效果最佳。采用变频调速节能的效果如下：

（1）变频调速节约了原来在挡板截流的能量损耗、液力耦合器机械损耗以及水电阻内部发热的能量损耗。

（2）电动机实现软启动，对电网和机械负载冲击大大减小，延长了电动机和风机寿命。

（3）风机低于额定转速运行，降低了介质对风机扇叶和挡板的磨损，降低了轴承密封的损坏，减少了维护工作量，电动机运行时振动和噪声明显降低。

（4）采用变频调速，方便自动调节，进行闭环控制，利用调节器输出的 4～20mA 信号。通过变频器调节电动机转速，线性度好，动态响应快，风量调节平稳，使设备在更经济的状态下安全运行。

（二）推广新型水泥干法窑纯低温余热发电技术节能

新型水泥干法窑纯低温余热发电是一项将水泥窑的窑头、窑尾排放的中低温度废气余热转化为电能的节能技术，该技术可有效提高水泥生产中的能源利用率，降低能耗，减轻环境热污染，从而实现水泥工业节能减排。国家工业和信息化部公告 2011 年 25 号文件计划用 4 年时间对日产量 2000t 以上的新型干法水泥窑推广纯低温余热发电改造项目，使日产量 2000t 以上的新型干法水泥生产线余热发电配套率达 90％以上，形成 427 万 t 标准煤的节能能力。

我国水泥窑纯低温余热发电技术经过多年的研发和生产实践，已自主开发出拥有自主知识产权的"单压、闪蒸、双压、复合"四大低温余热发电热力系统。可适用不同窑型、多种废气热源的回收利用，已实现了为水泥企业量身定做，在不增加窑系统热耗的前提下，充分利用余热，合理配套建设单位发电装置。目前国产化知识产权的纯低温余热发电技术和装备已达到国际先进水平，除在国内水泥企业广泛应用外，已走向世界，并已得到国际认可。

可以看出，在国家政策的推动下，水泥行业余热发电已初具规模，而且水泥生产的综合热利用率可提高到 95％以上，节能减排和经济效益明显，水泥行业余热发电将对整个行业的节能减排起到较大作用。

（三）空气压缩机节能措施

空气压缩机是水泥行业电力消耗比较大的设备之一，它具有运行时间长、耗电量大、冷却水用量大等特点。正确选择空气压缩机及辅助设备对于水泥行业节约能源至关重要。

空气压缩机能量损失主要有空气压缩机本身的机械损失、压缩空气的浪费损失、空气压缩机空负荷运转损失、压缩空气的流动损失及其他损失。目前，我国水泥企业大部分空气压缩机的能量利用率很低，主要由于设计制造技术落后、运行管理水平低、控制方式不当等原因造成。一些水泥企业节能意识不强，控制方法还很陈旧，当空气压缩机输出压力大于一定值时，或者自动打开泄载阀，使异步电动机空转，严重浪费能源；或者停机，电动机频繁的启动、停止，影响电动机的使用寿命，且空气压缩机工频启动电流大，对电网冲击大，电动机轴承磨损大，设备维护量大。因此，采取有效的措施，降低空气压缩机运行所消耗的能源，对于提高水泥企业的经济效益十分重要。空气压缩机可以采用如下节能措施：

1. 选用节能电动机

空气压缩机电动机功率一般较大，它的效率对空气压缩机的节能影响较大，为了节能应优先选用高效电动机，且必须减小所选电动机的额定功率，杜绝"大马拉小车"的不良现象，使电动机负载率始终保持在 80% 以上。

2. 提高传动效率

空气压缩机的电动机与压缩机之间多采用 V 带（三角胶带）传动，它具有结构简单、传动平稳可靠等特点。但往往需要采用多根胶带并联，大大降低了空气压缩机的传动效率，多耗费了电能。因此，为了提高 V 带的传动效率，应选择加工精度高、质量好的带轮和胶带，更换皮带时要做到一次全部更换，如果发现皮带存在松紧不一现象应立即调换，避免出现皮带的不均匀负载现象；提高安装水平，调整好中心距，保证带传动所必需的包角和张紧力。

3. 降低摩擦损耗

空气压缩机内部的活塞与缸套之间为滑动间隙配合，其间隙的大小及其润滑情况直接影响空气压缩机效率的发挥。间隙过大会造成漏气损耗，甚至无法工作；间隙过小，活塞与缸套之间难以形成有效的润滑油膜，活塞往复运动的摩擦阻力增大，摩擦损耗加剧，导致空气压缩机运行能耗的增大。因此，只有在合适的间隙条件下，才能形成有效的油膜，保持良好的润滑，从而减少摩擦损耗。

保证空气压缩机内部形成良好润滑的途径主要如下：

（1）严格控制活塞与缸套之间的间隙，通过精心安装调试，及时更换磨损的活塞环。

（2）确保油液清洁、黏度合适。

（3）确保油液循环迅速、油池容积能够满足散热的需要。

（4）尽量采用低黏度润滑性能较好的润滑油，以降低摩擦功耗。

（5）定期对空气压缩机进行维护保养，以发挥机器的最佳性能。

（6）注意随季节变换更换不同牌号的润滑油。

4. 减少压力损失和泄漏

减少压力损失和泄漏需做到：

（1）设计和安装时，在满足工艺需要的情况下尽可能减少系统气路的流动阻力，以减少管路及附件的压强损失。

（2）采用大管径，低流速送气方式。

（3）尽可能减少设备内外泄漏和余隙容积。

（4）选用安全高效的气动元件。

（5）精心安装施工和管理。

5. 提高冷却器的交换热性能

提高冷却器的交换热性能可采取以下措施：

（1）降低冷却水入口温度，提高冷却水流量。

（2）认真清除冷却器管束沉积物，保证气体与管束接触均匀，并避免短路。

（3）采用水处理药剂软化冷却原水，提高水质。

6. 合理设定工作压力

由于空气压缩机的耗电与排气压力高低成正比，排气压力降低可以节约电能。因此，应根据生产实际需求，合理设定空气压缩机的工作压力，在保证实际用风量的同时空气压缩机的排气压力设定要尽可能低，减少空气冷却器负荷，因为排气压力设定越低所消耗的轴功率越少，节能效果越好。

四、电炉钢行业节能措施

电炉钢是指在电炉中以废钢、合金料等为原料，用电加热方法使炉中原料熔化、精炼制成的钢。因炼钢炉型的不同，电炉钢分为电弧炉钢、感应炉钢及真空感应炉钢等。电炉钢生产是现代钢的主要生产流程之一。

电炉钢与铁合金等行业一样同属于用电负荷高、耗电量大的行业，有"电老虎"之称。其工序能耗和生产成本要高于转炉炼钢。因此，电炉钢行业的节能降耗非常重要。主要节能措施如下：

（一）电炉配料制度

电炉炼钢与转炉炼钢相比，具有投资省、建设周期短、生产调度灵活、优特钢冶炼比例高等优点。但电炉炼钢生产以废钢为主要原理，由于废钢来自千家万户，规格形状不一，轻重长短不一，含有杂质较多，既影响炼钢质量，也增加了冶炼电耗。为此，建立电炉配料制度可以有效节能。

1. 对废钢进行预处理

采用以下方法可以对废钢进行预处理：

（1）用磁化的方式剔除废钢中的非金属成分及有害物质。

（2）采用剪切的方法，将废钢的长度剪短。

（3）安排专人对废钢入炉进行监督，避免密封容器、易爆物品、放射性物质等入炉。

（4）大块冷钢入炉前要进行切割，以免废钢入炉时损伤炉体。

2. 合理配碳

根据废钢的具体情况，加入 15%～30% 的生铁或铁水，确保造好泡沫渣，提高终点碳达标率。

3. 合理装料

装料采用底轻、中重、上碎的原则，料栏底部装入轻质废钢，中部装入重质废钢，上部装入碎小废钢，使装料密实，有利于导电，缩短熔化期。

（二）废钢预热技术

采用预热废钢的电炉无论是冶炼电耗还是冶炼时间都大幅度下降，因此，废钢预热技术普遍得到人们的高度重视。

废钢预热是通过废钢在竖井内并与高温废气热交换实现，电炉冶炼过程中产生的高温废气通过废钢的缝隙上升到竖井并加热竖井内的废钢。另外，废钢在高温废气流中预热的同时，又能阻挡和吸附外排废气中的粉尘颗粒。这种预热方式充分利用了炉气中所含有的有形热量和二次燃烧的化学能，废钢经预热后的平均温度为 600～700℃，最高可达 900℃以上，每吨电炉钢电耗平均降低 80～120kWh。

（三）铁水热装技术

铁水通常在 1350℃时热熔为 1221kJ/kg，因此，每加热 1t 铁水可以带入物理热 $1.22\times$

10^6kJ，相当于 339kWh 的电能。

由于铁水带入了大量的物理热和化学热，使熔化期缩短，电炉冶炼电耗下降，因此，实施铁水热装技术可以有效节能。

值得注意的是，电炉铁水热装量不是越多越好，因为同转炉相比，铁水用于转炉，可以回收转炉煤气、蒸汽等用于其他耗能设备。而电炉无法回收煤气和蒸汽等，能量损失较大。同时高温生产 1t 铁水消耗的能源高于电炉热装 1t 铁水节约的能源，因此，热装铁水量只要能取代必须配备的生铁量就可以了。

（四）碳氧枪技术

电炉生产过程中采用吹氧助熔技术，可以加快电炉炉门处和冷区废钢的融化速度，大幅度缩短冶炼时间，降低冶炼电耗。电炉炼钢用于吹氧助熔的设备是炉门设置的碳氧枪和炉壁设置的氧燃烧嘴。

采用碳氧枪吹氧时，氧气和渣粒与铁生成氧化铁，并与熔池中的碳发生反应生成细小的一氧化碳气泡，附着在渣滴上形成泡沫渣。泡沫渣对电极产生的弧光起到了覆盖作用，提高了弧光的热效率，改善了熔化初期的脱磷条件，同时提高了炉顶、炉壳水冷板的使用寿命。

氧燃烧嘴可以消除竖式电炉布料的不均匀性，并对冷区废钢充分加热助熔，均匀炉内温度，提高燃烧效果，降低电能损耗。

五、铁合金行业节能措施

铁合金是铁与一种或几种元素组成的中间合金，主要用于钢铁冶炼。近年来，我国铁合金工业无论从产品品质还是品种、数量上都取得了飞跃性的进步，在国际铁合金工业领域中的地位也日益提高。我国已成为名副其实的世界第一大铁合金生产、消费和出口大国。

我国铁合金行业虽然发展快、产量高，但总体状况是企业数量多而规模小，炉台容量小、工艺装备落后，能源、资源消耗高，全员劳动生产率低。因此，节能潜力大。主要有以下节能措施：

（一）寻找最佳操作电阻值

生产铁合金的矿热炉内的热能分配受操作电阻的影响，通常进入矿热炉的有功功率在炉内通过操作电阻（炉料电阻和熔池电阻）转化成热能。炉料电阻产生的热能用于提高炉料区的温度，对该区内的炉料进行预热，并进而融化炉料；熔池电阻产生的热能用于提高熔池区的温度，促进该区化学反应的进行。这两部分热能的合理分配是矿热炉良好运行的重要条件。

当操作电阻过大时，表明该炉的炉料配热系数过大，也说明该炉炉料区分配的热能较多，造成炉料熔化过快；熔池温度降低，还原反应不能充分进行。结果产品较少而炉渣较多，耗电高。

当操作电阻过小时，表明该炉的炉料配热系数过小，也说明该炉炉料区分配的热能较少，造成炉料熔化过慢；熔池温度过高，产品过热。结果产品因挥发而损失，产量降低而耗电升高。

因此，可以通过改变操作电阻来改变其热量分配，经过不断对比总结，寻找最佳状态的操作电阻。

（二）采用高效大型矿热炉

矿热炉又称电弧电炉或电阻电炉，主要生产硅铁、锰铁、铬铁、钨铁、硅锰合金等铁合金。我国铁合金行业中，已明确要求淘汰 5000kVA 以下的矿热炉，矿热炉已经朝着大型化发展。大型矿热炉具有热效率高、产品质量稳定、劳动效率高、单位产品投资低的优点。但矿热炉不是越大越好，因为矿热炉越大，其功率因数越低，电能损失越多。而且矿热炉越大，自培电极直径越大，难以维护。因此，大型矿热炉容量最好在 70 000kVA 以下，并有改善功率因数的措施。

矿热炉未来的发展方向如下：

（1）为了提高热效率，提高生产率和满足功率集中冶炼的工艺要求，向高功率、大型化方向发展。

（2）采用低频冶炼，可节省和提高产品质量。

（3）设置有排烟除尘及能源回收装置。

（4）开发空心电极系统，较小颗粒精细料可从空心电极加入，节省能源，节省电极消耗，稳定熔池。

（5）采用炉体旋转结构。

（6）研制开发适合各种矿热炉工艺要求的计算机工艺软件系统，指导冶炼，使冶炼达到最佳状态。

（三）变压器的选用

在选择矿热炉的变压器时，不仅要适应不同品种铁合金的冶炼，还要满足冶炼过程中不同阶段和不同炉况的需要，同时还要满足降低变压器在使用过程中的铜损、涡流损失和磁滞损失。因此，矿热炉变压器的选择要注意以下几点：

（1）变压器的二次应具有多级分接电压，以适应铁合金在冶炼时对不同电压等级的需要。

（2）变压器应具有一定的过载能力，一般应有 15%～20% 的过载能力，以适应矿热炉过载的需要。

（3）变压器的短路阻抗不能太大，一般应保持在 5%～10% 之间。

（4）变压器的空载损耗和负载损耗要低，以提高变压器的效率。

（四）降低短网损耗

根据矿热炉的结构特点以及工作特点，矿热炉的系统电抗的 70% 是由短网系统产生的，而短网是一个大电流工作的系统，最大电流可以达到上万安培，因此短网的性能决定了矿热炉的性能，正是由于这个原因，矿热炉的自然功率因数很难达到 0.85 以上，绝大多数矿热炉的自然功率因数都在 0.7～0.8 之间，较低的功率因数不仅使变压器的效率下降，消耗大量的无功功率，且被电力部门加收额外的电力罚款，同时由于电极的人工控制以及堆料的工艺，导致三相间的电力不平衡加大，最高不平衡度可以达到 20% 以上，这导致冶炼效率的低下，电费增高。因此，提高短网的功率因数、降低短网损耗成为降低能耗、提高冶炼效率的有效措施。

（五）余热利用

由于矿热炉均采用管短网供电，管短网中的循环水温可达到 50℃ 以上，可以利用这部分热量进行集中供暖或供热水用。还可以在矿热炉和除尘设备之间加装余热锅炉，利用烟气的温度对锅炉进行加热再利用。而且烟气经过余热锅炉降温后便于除尘器除尘，不再需要增加空气冷却器，节省了除尘器的投资。另外，利用矿热炉的余热进行发电也成为今后余热利用的一个重要潜力。

六、电解铝行业节能措施

电解铝就是通过电解得到的铝。电解铝的工艺流程是采用冰晶石—氧化铝融盐电解法，冰晶石是溶剂，氧化铝作为溶质，以碳素体作为阳极，铝液作为阴极，通入强大的直流电后，在 $950 \sim 970℃$ 下，在电解槽内的两极上进行电化学反应，即电解。阳极产物主要是二氧化碳和一氧化碳气体，其中含有一定量的氟化氢等有害气体和固体粉尘，为保护环境和人类健康需对阳极气体进行净化处理，除去有害气体和粉尘后排入大气。阴极产物是铝液，铝液从槽内抽出，送往铸造车间，在保温炉内经净化澄清后，浇铸成铝锭或直接加工成型材等。

电解铝行业是耗电大户，其耗电量占全国用电量的 4% 以上，该行业节能潜力大。主要节能措施如下：

（一）提高供电系统效率

电解铝需要的电源是一定电压等级的直流电，因此，需要整流装置将交流电源整流为一定电压的直流电。早期的整理装置采用的是水银整流方式，这种方式整流效率低，并且污染环境。随着科学技术的发展，整流变压器采用高压直降式可调整流变压器，特别是半导体技术的发展，整流装置改用硅二极管整流方式，并且随着单只二极管容量的不断增大，整流装置的单柜容量也增加很多。

现在采用的整流电路均采用三相桥式整流电路，一般每个整流柜采用两套相位相同、极性相反的三相桥式整流电路并联组成同相逆并联结构。这种结构的整流柜特点是利用导体产生的磁力线相互抵消，达到减少导电排的互感，最终减少母线的交流阻抗，达到降低损耗，提高整流效率的目的。

（二）提高电流效率

电流效率是指单位时间电解铝的产出量与理论计算的产出量之比，其中理论计算产出量与电流强度成正比。一般电流效率在 89% 左右，个别超过 90%。

1. 造成电解铝电流效率低的原因

（1）铝溶液氧化损失。

（2）电解质体系中其他离子放电导致电流空耗。

（3）电流漏出损失，包括阴极与阳极的局部短路以及绝缘不良而造成。

2. 提高电流效率的措施

（1）降低电解温度。

（2）优选电解质的添加剂。

（3）合理选择电解槽的极距。

（4）控制好铝液水平和电解质水平。

（5）控制氧化铝的浓度。

（6）强化电流强度等方式解决。

（三）降低平均电压

降低平均电压，可以减少电解槽电能消耗，起到节能作用。所谓平均电压是每台电解槽本身的工作电压与分摊电压之和。其中，电解槽本身的工作电压是由铝电解槽极化电压（也称反电动势）、阴极电压降、阳极电压降、电解质电压降和母线电压降组成。分摊电压是外线路电压、效应电压在每台槽上的分摊值。

上述电压中变化的部分主要是电解质压降和效应分摊电压，因此，工作的重点应该放在电解质压降和效应分摊电压上。电解质压降在日常生产中可以通过调整极距来改变其压降；效应分摊电压是指发生阳极效应时分摊的电压，要尽量减少阳极效应的发生，从而减少电能消耗。

（四）应用新型材料和新技术

应用新型材料主要是指应用硼化钛阴极新技术、新型筑炉材料干式防渗料、氮化硅结合碳化硅砖以及高石墨阴极等。

新技术的运用主要是指阴极加长的运用、阳极开槽的运用以及选用高效节能设备等。

七、发电行业节能措施

发电行业由发电企业组成，发电企业有火电、水电、核电和新能源发电。降低发电企业的能耗主要有技术措施和管理措施。

（一）技术措施

技术措施包括以下几个方面：

1. 设备容量匹配

合理选择设备容量，使各种设备在经济负荷范围内运行，并与其他设备容量合理匹配。

2. 风机与泵选择

风机分为一次风机、送风机、引风机、增压风机等，应根据具体使用要求选择合适的等级，以提高效率，降低能耗。大型机组的给水泵可以采用气动泵和电动泵两种，循环水泵和凝结水泵采用高效循环水泵和高效凝结水泵。

风机与泵改造是发电企业降低厂用电的重点，风机改造主要是叶轮改造、加装液力耦合器或变频器；给水泵改造主要是可以由电动改为汽动，或电动泵加装液力耦合器或变频器等；循环水泵改造主要是通过增容、叶轮改造、电动机改双速等实现节能降耗；凝结水泵改造主要变频改造。

3. 电气设备及系统

电气设备及系统主要包括发电机组和励磁机、封闭母线、机组附属变压器等，可以采用相应的技术措施提高电气设备及系统的效率，降低能耗。

4. 机组运行管理

机组要加强运行管理，优化调整机组的运行方式，根据调度下达的负荷曲线，将总负荷以最佳方式分配给每台机组，确保经济运行。

（二）管理措施

1. 节电管理

发电企业通过行业规范、行业标准、管理制度、管理规程等的实施，达到节能降损的目的。

2. 发电节能调度

目前的发电调度是按同类机组的利用小时数基本相当的原则安排发电量。从节能的角度，可以改进发电调度方式，按照节能原则安排发电顺序，这种方式可以有效实现节能降耗的目的。

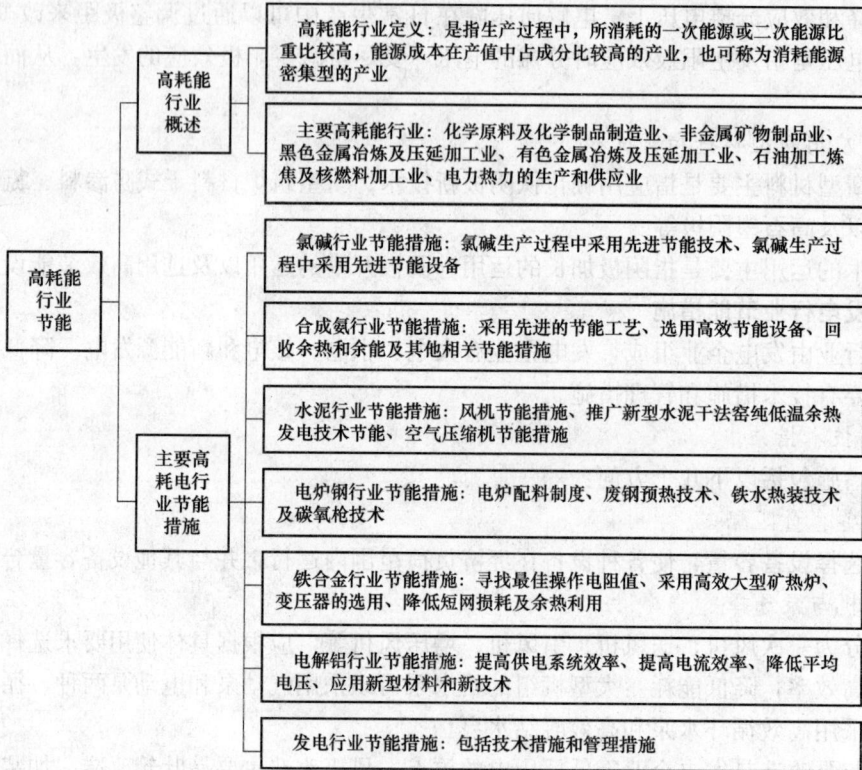

小　结

高耗能行业节能

- **高耗能行业概述**
  - 高耗能行业定义：是指生产过程中，所消耗的一次能源或二次能源比重比较高，能源成本在产值中占成分比较高的产业，也可称为消耗能源密集型的产业
  - 主要高耗能行业：化学原料及化学制品制造业、非金属矿物制品业、黑色金属冶炼及压延加工业、有色金属冶炼及压延加工业、石油加工炼焦及核燃料加工业、电力热力的生产和供应业

- **主要高耗电行业节能措施**
  - 氯碱行业节能措施：氯碱生产过程中采用先进节能技术、氯碱生产过程中采用先进节能设备
  - 合成氨行业节能措施：采用先进的节能工艺、选用高效节能设备、回收余热和余能及其他相关节能措施
  - 水泥行业节能措施：风机节能措施、推广新型水泥干法窑纯低温余热发电技术节能、空气压缩机节能措施
  - 电炉钢行业节能措施：电炉配料制度、废钢预热技术、铁水热装技术及碳氧枪技术
  - 铁合金行业节能措施：寻找最佳操作电阻值、采用高效大型矿热炉、变压器的选用、降低短网损耗及余热利用
  - 电解铝行业节能措施：提高供电系统效率、提高电流效率、降低平均电压、应用新型材料和新技术
  - 发电行业节能措施：包括技术措施和管理措施

思 考 题

1. 什么是高耗能行业？
2. 我国目前主要高耗能行业有哪些？
3. 氯碱行业节能措施有哪些？
4. 合成氨行业节能措施有哪些？
5. 水泥行业节能措施有哪些？
6. 电炉钢行业节能措施有哪些？
7. 铁合金行业节能措施有哪些？
8. 电解铝行业节能措施有哪些？
9. 发电行业节能措施有哪些？

———【本篇案例】———

世界经典低碳建筑[1]

当今世界，设计节能建筑和研发建筑节能技术，是最瞩目的课题之一。据统计，人类每年所消耗的能量中建筑能耗最大。这里所谓的建筑能耗，包括人们日常生活用能，如采暖、空调、照明、烹饪、洗衣等耗能。建筑本身耗能是指建筑施工、拆除以及与建筑直接有关的水泥工业、钢铁工业、交通运输等耗能在内。其中又以日常生活用能最大，材料及设备生产用能次之，施工用能仅居第三。

通常说的节能建筑是指低能耗建筑，是对建筑规划分区、群体和单体、建筑朝向、间距、太阳辐射、风向以及外部空间环境进行研究后，设计出的建筑，前提是遵循气候和节能的基本方法。恒温、恒湿、恒氧、低噪、适光，这些为大多数人耳熟能详的关键词，目前是国内科技住宅先驱的核心价值，在欧洲、北美和日本等众多发达国家和城市较早时期就已经广泛应用，并掀起一股绿色旋风，绿色科技住宅也被国际广泛认定为未来住宅发展趋势。

一、社区未来发展方向——英国贝丁顿

"这是一个全方位的永续发展社区，我们要创造一个全新的生活方式，设计一个高生活品质、低能耗、零碳排放、再生能源、零废弃物、生物多样性的未来。"贝丁顿的设计师登斯特这样来形容贝丁顿。在贝丁顿项目中，我们看到设计师将废物、阳光、空气和水充分利用，与现代人、建筑物一起进行永续的对话。

贝丁顿低能耗的一个主要原因是其组合热力发电厂发挥了巨大作用——通过燃烧木材废物发电为社区居民提供生活用电，而且用这一过程中产生的热能来生产热水。热水罐位于每户的核心位置，在寒冷季节可起到供暖的作用。目前热电联产（CHP）的燃料主要为附近地区的树木修剪废料，往常这些废料被丢弃并填埋而成为城市的负担，对这些废料加以利用既可以产生能源，又可以解决环境污染和垃圾处理的问题。

在长期计划中，以后木屑原料的来源将主要为邻近的生态公园中的速生林。经计算，整个社区需要一片 3 年生的 $70hm^2$ 速生林，每年砍伐其中的 1/3 用来提供热能，并补种上新的树苗，以此循环。阳光贝丁顿的家家户户都装上了太阳能光电板，由于光电板的造价较高，因此设计者将它尽量用于多种用途，家中的热水和电车充电都来自暖暖的阳光。这些太阳能电池板可为 40 辆汽车提供电力，这种用太阳能电力供应汽车的模式将太阳能光电板的投资回收周期从通常的 75 年缩短到贝丁顿中的 6.5 年。

虽然冬天的英国非常寒冷，但是贝丁顿却善用设计，没有任何的中央暖气系统。贝丁顿的屋顶、墙体及地面均采用高质量的绝缘材料，保证冬天住房的舒适温度。其外墙是一种夹心构造，墙体的内芯内 300mm 厚的矿毛绝缘纤维，保证吸收的热量在 5 天内不会消散；外窗为木窗框，具有良好的断热构造；窗户玻璃有 3 层，尽可能多地吸收热量，在夏天，这些设计又能尽可能地减少室外高温的传导，避免了空调的使用。而另一个保持室内温度的方法则是屋顶的绿化，将一种名为"景天"的半肉质植物覆盖于屋顶，大大减少了冬天室内的热

---

[1] http://bolg.sina.com.cn/s/blog_489dabfd0100morq.html。

量散失，夏天开花时，整个生态村又成了一个美丽的大花园。这也是住户在采暖制冷方面比常规住宅节省 90% 的能源的主要原因。

伦敦降雨丰富，贝丁顿通过对雨水以及生活污水的回收利用，使得水消耗量比普通住宅减少 1/3。每次降雨结束时，位于屋顶和花园的集水设施会把雨水传送到房子的下面的储水器里，经过自动净化过滤器的过滤，就可以直接清洗卫生间、灌溉树木以及用作公园水景。

贝丁顿屋顶上矗立着的一排排色彩鲜艳、外观奇特的热压"风帽"，源源不断地将新鲜空气送入第一个房间。这种被动式通风装置完全由风力驱动，可随风向的改变而转动，利用风压给建筑内部提供新鲜空气，排出室内的污浊空气。

此外，其内部设有热交换器，可回收排出废气中的 50%～70% 的热量，从而来预热室外寒冷的新鲜空气。引导绿色交通为了减少现代生活的方式，贝丁顿在保证居民出行方便的前提下，引导绿色交通，有效地降低了私家车的使用，更成为贝丁顿的一项特色。

公寓和办公空间的联合开发，给居民提供了在社区内甚至自己家里上班的机会；场地内自带的商店、咖啡店、带托儿功能的健身中心等设施又进一步减少了交通的需求；物业管理公司为小区内的商店组织当地货源，提供新鲜的环保蔬菜、水果和其他食品的送货上门；便利的公交系统也使人们减少对汽车依赖；便利的自行车和电动车的使用机会，为私家车主提供其他选择，贝丁顿有足够的自行车停车场，并有与其他区连接的自行车道路；互享车辆体系提供了多人共享汽车的机会。"如果这个世界的第一个人都居住在普通房屋内，过现在贝丁顿居民过的生活方式，那我们需要 3 个像地球那么大的星球，才能维持我们基本的生存需要。但是我们只有一个地球。"贝丁顿的设计者登斯特这样说。在全世界对能源问题高度关注的今天，贝丁顿的建成和杰出表现让我们看到了希望，也许它就是人类未来居住模式的雏形。

二、世界著名绿色建筑——德国节能住宅

现代建筑不仅仅只是应用现代建筑技术，而且还要体现生态环保，体现材料的美感、轻盈通透等方面，生态环保意味着建筑结构材料运用的越少越好，在建筑使用期间的能耗越少越好，而且所有建筑材料尽可能循环利用。建筑的轻盈减少材料的使用，有利于可持续发展；建筑的通透增加使用者同外界的对话，同时让自然光线被更好地使用成为可能。

德国索贝克公司设计的 R129 超级未来型节能住宅，引起了广泛关注。建筑外皮采用人工材料，质地极轻且通透，承力结构也是由中空的碳素材料构成。建筑外表皮镀有低辐射膜，夏天阻挡热辐射进入，冬天防止热能量流失。一个可开启关闭的电子镀铬膜能使建筑外壳分级变暗或者完全不透光。在建筑外皮结构的外表面上设置了超薄的光伏发电膜，它只遮挡 20% 的光线进入，但可以提供建筑所需绝大部分能源。

轻质碳素合成材料板作为承载地板，上面设有地暖板，冬天可根据温度需求进行自动控制，中间还设有一种智能地板，提供能量存储的可能性，以及电、水、新风和电信管线接头的安装空间。

室内在各个不同的功能空间没有固定的分割。可移动的单元核心由卫生和厨房装置构成，围绕这个核心单元可以安排不同的功能房间，如书房，卧室等。这种核心单元是建筑外表皮包裹着的生活领域唯一封闭的空间。

三、欧洲未来住宅 Atika——西班牙的样本

这是一座将未来的居住理念、绿色建筑设计、可持续发展的城市等设计理论相结合，运

用斜屋顶技术、低能耗策略、全方位的太阳能系统（不仅是取暖，同时包括降温）、楼宇智能化管理体系以及模数化技术而建造一座欧洲最新的节能型住宅试点项目。

第一个 Atika 住宅的样本是在西班牙的毕尔巴鄂市（Bilbao）组装成型，并计划在未来通过汽车运输到不同的国家组装。

由于西班牙位于欧洲南部，属于地中海气候，该气候的特点是冬天温暖，夏天炎热，通风和空调设备是主要的能源消耗点。建筑师早已通过简单而有效的建筑手法对能源进行合理的利用：通过外墙的厚度与密度来形成保温与隔热；白色的石灰板作为对日照最好的反射材料；利用上部的悬挑的建筑构建或者窗上的百叶来形成阴影；狭窄的街道和阳台来确保阴影面和空气的流通；以及利用流动的水来达到降温的效果。Atika 住宅正是在这种简单而高效的能源处理方法的基础上，加入了最新的技术与材料。

四、德国巴斯夫"三升房"

本项目是世界最大的化学公司——巴斯夫在一幢已有 70 年历史的老建筑基础上改造而成，因其每年每平方米（使用面积）消耗的采暖耗油量不超出 3 升（相当于当量煤约 4.5 千克）而被称为"三升房"。改造过程中主要采用了加强围护结构的保温性能、设置可回收热量的通风系统、截热技术等措施。与改造前相比，采暖耗油量从 20 升降到了 3 升，如按 $100m^2$ 的公寓测算，每年取暖费可从 5400 元人民币降至 770 元，二氧化碳的排放量也降至原来的 1/7，具有极大的经济和环保价值。

"三升房"意即"房屋每平方米单位面积每年消耗 3 升燃料用于供暖"。"三升房"采用了经过创新的隔热通风复合系统，新鲜空气由外部进入装置后，与一部分试图外出的热空气相互"切磋"，再进入室内各个房间，保证居民们呼吸的每一口空气天然而清新。整座建筑的屋顶铺上由石墨聚苯板（Neopor）泡沫材料构成的隔热面板，它含有如一颗香米大小的石墨颗粒，拥有极强的反射热辐射本领，夏日可以拒绝阳光闯入屋内，避免室温蹿升；冬天可以防止屋内的热气溜出户外。

"三升房"对太阳能电池板极为器重，它是整座建筑的"脑袋"。屋顶上的太阳能板群吸收太阳光，用来发电，电能随之进入市政电网，由发电所得收入来填补建筑取暖所需费用；屋侧墙壁上悬挂的太阳能电池板，则服务于日常家居生活，如用来洗澡的热水。

德国巴斯夫公司所属房地产公司执行主管马蒂尔斯·亨塞尔博士（Matthias Hensel）表示，借助"三升房"为可持续发展的未来奠定了基础。经过现代化改造的老房子，既有商业利益的考虑，更有对自然资源合理利用的责任感，它提高了德国民众的生活质量。成功是显而易见的，在整个欧洲，"三升房"也堪称璀璨夺目的房产案例。

参 考 文 献

[1] 曾鸣. 电力需求侧管理. 北京：中国电力出版社，2001.

[2] 朱成章，徐任武. 需求侧管理. 北京：中国电力出版社，1999.

[3] 杨志荣，劳德容. 需求侧管理（DSM）及其应用. 北京：中国电力出版社，1999.

[4] 国家电网公司电力需求侧管理指导中心. 电力需求侧管理实用技术. 北京：中国电力出版社，2005.

[5] 国家发展和改革委员会国家电网公司. 电力需求侧管理工作指南. 北京：中国电力出版社，2007.

[6] 国家电网公司营销部. 能效管理与节能技术. 北京：中国电力出版社，2012.

[7] 胡江溢，王鹤，周昭茂. 电力需求侧管理的国际经验及对我国的启示. 电网技术，2007（18）.

[8] 国家发展和改革委员会. 美国电力需求侧管理培训报告. 电力需求侧管理，2008（4）.

[9] 国家发展和改革委员会. 欧洲电力需求侧管理对中国的启示. 电力需求侧管理，2007（19）.

[10] 单渊达. 电能系统基础. 北京：机械工业出版社，2001.

[11] 于尔铿，韩放，谢开，等. 电力市场分析. 北京：中国电力出版社，1998.

[12] 吴安官，倪宝珊. 电力系统线损. 北京：中国电力出版社，1996.

[13] 高山. 神经网络负荷预测输入变量选择方法. 电力系统自动化，2001（22）.

[14] 强金龙，于尔铿. 电力系统经济调度. 北京：中国电力出版社，1993.

[15] 赵同生等编著. 电力负荷管理系统发展方向的探讨. 电力需求侧管理，2003（2）.

[16] 李军红. 南钢需量控制的应用. 电力需求侧管理，2002（6）.

[17] 刘军，等. 胜利油田 IRP/DSM 研究与示范工程报告. 电力需求侧管理，2000（3）.

[18] 王振良，等. 大庆油田 DSM 技术实施情况汇报. 电力需求侧管理，2000（2）.

[19] 张国强，龚光彩. 能源、环境与空调制冷. 制冷学报，2000（3）.

[20] 张永铨. 蓄能式空调系统. 制冷技术，1996（3）.

[21] 叶水泉，陈国邦. 蓄冷空调技术及其发展. 低温工程，2001（1）.

[22] 张永铨. 国内外冰蓄冷技术的发展与应用. 制冷，1999（5）.

[23] 胡兴邦，朱华，叶水泉，等. 蓄冷空调系统原理、工程设计及应用. 杭州：浙江大学出版社，1997.

[24] 陶莉. 国外分时电价政策简介及探究. 江苏电机工程，2007，26（1）.

[25] 吴运生，胡雪冰. 实行分时电价的理性思考. 营销论坛，2000（12）.

[26] 赵娟，谭忠富，李强. 我国峰谷分时电价的状况分析. 现代电力，2005，22（2）.

[27] 周长特. 分时电价与阶梯电价在电力市场中的应用. 神州，2013（18）.

[28] 陈琳，杨洁. 淮北分时电价政策对用电负荷及电量的影响调查. 工业经济，2008.

[29] 李梅. 淮南市居民分时电价实施效果分析. 电力需求侧管理，2011，13（1）：28-34.

[30] 陶莉. 峰谷电价政策对负荷特性的影响. 东南大学，2004.

[31] 薛殿华. 空气调节. 北京：清华大学出版社，1991.

[32] 崔海亭，杨锋. 蓄热技术及其应用. 北京：化学工业出版社，2004.

[33] 李竞，吴喜平. 蓄冷蓄热技术. 上海节能，2005（4）.

[34] 应晓儿，陈永林，叶水泉. 杭州凤起大厦电蓄热供暖及生活热水系统设计. 暖通空调，2003（1）.

[35] 陆耀庆. 实用供热空调设计手册. 北京：中国电力出版社，2005.

[36] 俞丽华. 电气照明. 2 版. 上海：同济大学出版社，2001.

[37] J. R. 柯顿，A. M. 马斯登. 光源与照明. 上海：复旦大学出版社，2000.

[38] 李红旗. 中国空调、制冷行业的状况与节能. 应对空调负荷措施技术交流会，2005：99～123.

[39] 丁文. 家电产品"待机能耗"不可忽视. 工人日报, 2002-9-8.

[40] 李工一, 秦伟, 葛世名. 红外加热30年. 红外加热技术, 2003 (25).

[41] 牟群英, 李贤军. 微波加热技术的应用与研究进展. 物理学与高新技术, 2004 (33).

[42] 陈健美, 鄂加强. 中频感应熔炼炉的节能设计. 能源工程, 2002 (6).

[43] 李工一, 葛世名. 高红外加热技术. 冶金能源, 2001 (1).

[44] 孙永茂, 仲树琦. 传统加热与远红外加热技术的应用对比及浅析. 医药工程设计杂志, 2001 (1).

[45] 翟如健. 远红外定向辐射技术在涂漆烘干中的应用. 摩托车技术, 2003 (2).

[46] 李月军. 塑料加工过程中的红外加热技术简介. 塑料工业, 2004 (6).

[47] 王绍林. 微波加热技术的应用——干燥和杀菌. 北京: 机械工业出版社, 2004.

[48] 唱鹤鸣, 杨晓平, 等. 感应炉熔炼与特种铸造技术. 2版. 北京: 冶金工业出版社, 2003.

[49] 沈庆通. 感应热处理技术的发展. 金属热处理, 2002 (1).

[50] 马德民. 中频感应烧结炉的温度测量与控制及炉温均匀性. 工业加热, 2004 (3).

[51] 高大军, 王宇, 等. 中频感应加热电源在油井电加热系统中的应用. 节能, 2003 (11).

[52] 上海市—欧洲共同体能源管理培训中心. 现代节能技术. 上海: 华东化工学院出版社, 1991.

[53] 戴彦德, 戴林. 中国电动机系统能源效率与市场潜力分析. 北京: 机械工业出版社, 2001.

[54] 杨惠宗, 袁仲文, 陆火庆. 泵与风机. 上海: 上海交通大学出版社, 1992.

[55] 苏福临, 邓沪秋. 流体力学泵与风机. 北京: 中国建筑工业出版社, 1995.

[56] 张明辉, 李启磷. 电力节能优化控制技术与国家电力调控政策法规. 11版. 北京: 中国电力出版社, 2004.

[57] 姜伟新, 赵家荣. 节能中长期专项规划. 北京: 中国环境科学出版社第三图书出版中心, 2005.

[58] 宋书中, 交流调速系统. 北京: 机械工业出版社, 1999.

[59] 王占奎. 交流变频调速技术应用例集. 北京: 科学出版社, 1994.

[60] 闻兴华. 变频词速技术在热电厂给水泵上的应用. 热电技术, 2000 (2).

[61] 马承慧. 变频调速技术在循环氢压缩机组中的应用. 石油化工设备技术, 2002 (4): 23.

[62] 戴彦德, 等. 中国电动机系统能源效率与市场潜力分析. 北京: 机械工业出版社, 2001.

[63] 黄铭山. 一种新型交流调速——内反馈调速电动机浅介. 山东电力技术, 1997 (6).

[64] 屈维谦. 电动机调速P理论及变频与内馈调速的对比. 节能技术, 2000 (8).

[65] 汪华. 斩波内馈调速技术. 有色冶金设计与研究, 2004 (6).

[66] 秦和. 电动机的能效水平及其影响. 中小型电动机, 2003 (1).

[67] 戴林, 王正元. 推广变频调速节能产品的障碍与对策. 中国能源, 2004 (1).

[68] 张燕宾. 变频调速应用实践. 北京: 机械工业出版社, 2004.

[69] 姚志松, 姚磊. 中小型变压器实用全书. 北京: 机械工业出版社, 2003.

[70] 路长柏, 朱英浩. 电力变压器计算. 哈尔滨: 黑龙江科学出版社, 1990.

[71] 变压器编委会. 电力变压器手册. 长春: 辽宁科学技术出版社, 1999.

[72] 马最良. 热泵技术. 电力需求侧管理, 2003, 5 (6).

[73] 范存养, 龙惟定. 空气热源热泵的应用与展望. 暖通空调, 1994 (6).

[74] 张定华, 等. 大型电弧炉无功补偿与谐波抑制的综合补偿系统. 电网技术, 2008 (6).

[75] 王长生, 等. 降低线路损耗的无功补偿. 节能技术, 2002 (9).

[76] 国家电网公司. 静止无功补偿 (SVC) 技术. 国家电网公司先进适用技术评估报告, 2010.

[77] 陈志斌. 静止无功发生器SVG综述. 科教前言, 2012 (7).

[78] 杨善勤. 民用建筑节能设计手册. 北京: 中国建筑工业出版社, 1997.

[79] 杨善勤, 郎四维, 涂逢祥. 建筑节能. 北京: 中国建筑工业出版社, 1999.

[80] 中国建筑业协会建筑节能专业委员会. 建筑节能技术. 北京: 中国计划出版社, 1996.

[81]　涂逢样. 建筑节能. 北京：中国建筑工业出版社，2006.

[82]　黄菁，黄作栋. 英国贝丁顿零能耗发展项目. 世界建筑，2004（8）.

[83]　中国建筑业协会建筑节能专业委员会编著. 建筑节能技术. 北京：中国计划出版社，1996.

[84]　王如竹. "空诃节电、安全度夏"对策和建议. 制冷技术，2004（2）.

[85]　龙惟定. 电力紧缺对建筑空调的挑战及对策. 制冷技术，2004（2）.

[86]　孙文哲. 燃气中央空调压力. 制冷技术，2004（2）.

[87]　戴永庆，等. 燃气空调技术及应用. 北京：机械工业出版社. 2004.

[88]　中国电机工程学会燃气轮机发电专业委员会. 燃气轮机发电机技术 2000 年年会论文集. 第 2 卷第 3、4 期.

[89]　龙惟定，白玮. 我国电力紧缺对空调业的挑战. 暖通空调，2004（5）.

[90]　张洪伟，等. 分布式能源系统的方案选择及性能分析. 暖通空调，2004（5）.

[91]　於子方. 合成氨行业节能技术综述，氮肥技术，2010（3）.

[92]　丁伟，曹宪明. 电炉钢节能降耗的技术实践，电力需求侧管理，2007（2）.